To Lewis
Happy Birthday
Uncle Lucho

¡Justicia sin reyes ni verdugos!

El colapso del sistema de administración de justicia en el Perú

Luis A. Dávila

EDIQUID

¡JUSTICIA SIN REYES NI VERDUGOS!
El colapso del sistema de administración de justicia en el Perú

Editado por: Corporación Ígneo, S.A.C.
para su sello editorial Ediquid
José Olaya 169, Ofic. 504, Miraflores. Lima, Perú
Primera edición, junio, 2025

ISBN: 978-612-5170-23-1

Hecho el Depósito Legal en la Biblioteca Nacional del Perú N°2025-06168

www.grupoigneo.com
Correo electrónico: contacto@grupoigneo.com | Teléfono: +51 955 071 270
Facebook: Grupo Ígneo | X: @editorialigneo | Instagram: @grupoigneo

Colección: Pensamiento

Contenido

Para lograr lo posible debemos intentar
lo imposible una y otra vez.

Hermann Hesse

Dedicatoria

Esta obra la dedico a todos aquellos justiciables que alguna vez han sufrido en carne propia el daño que causa una deficiente administración de justicia en cualquier parte del mundo, en particular en países en proceso de desarrollo, como es el caso del Perú. Mención especial para aquellos inocentes que purgan carcelería y han sido víctimas del abuso de fiscales y jueces, reos que son declarados posteriormente inocentes sin ninguna reparación por parte del Estado ni sanción a quienes obraron con negligencia, denunciando y condenándolos de forma injusta.

También extiendo esta dedicatoria a los padres, hijos y cónyuges de hombres y mujeres que han padecido el maltrato judicial, porque cuando se condena a un inocente, la carcelería lacera el alma no solo de un ser humano, sino también de toda su familia. Asimismo, a quienes se les mantiene de manera indeterminada en prisión sin sentencia, con procesos dilatados y burocráticos que encarecen la administración judicial y torturan a los reos en el ámbito material y psicológico.

Me dirijo también a los jóvenes interesados en estudiar la carrera de Abogacía, para que, antes de tomar esta decisión, mediten y tomen conciencia de si efectivamente tienen vocación por la defensa de los derechos de los ciudadanos o solo impera en ellos el deseo de lograr un título que les reditúe buenos ingresos. En tal sentido, invoco a las autoridades universitarias para que implementen un currículo formativo decente y serio de profesionales en Derecho, con deontología orientada al bien de la ciudadanía, porque formar abogados es como formar médicos, ya que de ellos depende la vida o muerte social de los justiciables.

Agradecimientos

Mi eterno reconocimiento a todas aquellas personas que me permitieron enriquecerme de vivencias dentro del sistema de justicia como gerente general del Poder Judicial y secretario ejecutivo de la Reforma del Ministerio Público. Este libro no contiene referencias bibliográficas porque no es fruto de investigación científica, sino de las experiencias obtenidas en mi trayectoria profesional.

Soy administrador de empresas, no soy abogado; por lo tanto, no compito con los hombres y mujeres del Derecho. Solo escribo como un simple ciudadano a quien le preocupa el futuro de los hombres y mujeres de buenas costumbres que desean lo mejor para su país.

Es una locura hacer todos los días lo mismo
y esperar resultados diferentes.

Introducción

Según la Real Academia de la Lengua Española, se entiende por «justicia» el principio moral que lleva a determinar que todos deben vivir honestamente. Son sinónimos de justicia la rectitud, imparcialidad, equidad, neutralidad, ecuanimidad, objetividad, honradez, probidad y la razón. Su antónimo es la injusticia. Se entiende también como justicia aquello que debe hacerse según derecho o razón.

De acuerdo con lo señalado por la Defensoría del Pueblo del Perú en su sitio web, «todos los servicios de justicia deben estar caracterizados por su independencia, imparcialidad, celeridad, transparencia, así como por su sustento en principios éticos y comprometidos con la defensa de la Constitución Política y los derechos humanos, con igualdad y plenitud de acceso a todos los ciudadanos». En las aulas universitarias, en los cursos de Derecho, enseñan de manera incansable que el fin esencial del sistema jurídico es garantizar la coexistencia pacífica dentro de un marco idóneo de justicia.

Como podrá observar el lector, las definiciones, principios, conceptos o enunciados sobre la justicia son relativamente fáciles de incluir en el *introito* de los estatutos, normas y códigos; lo difícil es asegurar que en realidad se cumplan. La razón es sencilla de explicar: los que administran justicia son seres humanos imperfectos y, como tal, pueden errar de forma involuntaria. Por lo tanto, tenemos que aceptar que el humano puede cometer errores sin premeditarlo, porque está en su naturaleza. Lo inaceptable radica en que un derecho tan sensible y elemental para los justiciables dependa de un administrador de justicia corrupto, inmoral y sin valores éticos, que como buenos ciudadanos tenemos que cuestionar.

Los fiscales y jueces son autónomos en sus decisiones y, en consecuencia, obedecen solo a su «criterio de conciencia»; es decir, solo responden a su propia moral y al equilibrio entre el bien y el mal. Pero veamos qué se entiende por conciencia: «es el conocimiento del bien y el mal que permite a la persona enjuiciar moralmente la realidad y los actos, especialmente los propios». La conciencia «es el estado de cognición, definiéndose como el conocimiento percibido intuitivamente de algo en uno mismo». La conciencia pertenece al ámbito personal. En consecuencia, habrá tantos criterios de conciencia como administradores de justicia existan; esto significa que siempre habrá buenos y malos, como lo vemos por lo común en toda actividad humana.

Pero ¿qué sucede cuando un fiscal o un juez no tiene conciencia o esta no se corresponde con la moral, la ética y las buenas costumbres? Solo se pondrá en evidencia la injusticia al culpar al inocente y exculpar al delincuente, hecho que atenta contra uno de los principales derechos humanos: la libertad. Liberar o exculpar de forma fraudulenta a un delincuente convierte a fiscales y jueces en cómplices de un delito; culpar de manera fraudulenta a un inocente los pone al mismo nivel de un criminal, ya que encarcelar a un ser humano inocente constituye un crimen.

Por suerte, no son muchos los administradores de justicia corruptos, pero basta que existan para causar un efecto dañino al sistema de justicia; más grave es aun cuando los altos magistrados son los que delinquen por comisión u omisión en el desempeño de sus funciones o utilizan su poder como instrumento de venganza política o ideológica. Cuando un administrador de justicia se siente dueño de la verdad y ejerce un poder omnímodo que le hace sentir infalible y dueño de la vida de un justiciable, puede absolver a un delincuente o sentenciar a un inocente, cometiendo un delito y manchando con tinta indeleble la moral del grupo familiar del afectado. Lo que siente un inocente maltratado por la justicia conlleva al resentimiento social y al rechazo al sistema judicial. Por otra parte, la administración de justicia es el elemento vital para generar confianza entre los agentes económicos, sociales y políticos de un país. En la organización de un Estado que se respeta, figura como pieza fundamental un sistema judicial decente e imparcial.

En este libro no voy a analizar cómo funcionan otros sistemas judiciales en la región o en otras latitudes, solo comentaré lo que he observado, leído, experimentado y comprobado sobre la forma arbitraria en que un porcentaje menor de funcionarios manejan los organismos encargados de administrar justicia en nuestro país, en particular en el Poder Judicial y el Ministerio Público.

Para nadie es una novedad que la administración de justicia en el Perú atraviesa un período de crisis que se arrastra desde hace muchos años y que se agudizó a partir del decenio de los noventa. Tanto en el Poder Judicial como en el Ministerio Público se ha evidenciado el sometimiento al poder político, la mediocridad del personal administrativo y jurisdiccional, el desorden, la escasez de recursos y la toma de decisiones judiciales muchas veces negociadas e imprevisibles.

En los intentos de reforma en los años 1995-1996 se lograron ciertos avances que hicieron pensar, en su momento, que la administración de justicia mejoraría en beneficio de los justiciables. Sin embargo, solo se alcanzaron pocas metas, únicamente en la parte administrativa, pero no así en la jurisdiccional, que es más delicada por estar supeditada a la decisión humana, muchas veces injusta y tardía.

He tratado este tema con magistrados y ellos reconocen que la estructura y organización del sistema de justicia peruano no es mala en sí misma, salvo la introducción de algunos ajustes que son necesarios. Lo malo radica en un sector cada vez más crítico del elemento humano que lo gestiona, sin que tomen conciencia de su responsabilidad y hagan buen uso del poder que les otorga la ley.

De todos los poderes del Estado, el judicial es el más sensible para la ciudadanía, sobre todo cuando se manipula, se sesga políticamente y se corrompe. Los magistrados que no encuadran sus decisiones en el debido e imparcial proceso son pocos, pero la trascendencia de sus actos escandaliza a la ciudadanía y mancha a las instituciones.

La politización de la justicia y la judicialización de la política han traído consigo la súbita aparición, sobrexposición e histrionismo de ciertos magistrados en los medios televisivos y radiales, comentando causas que se encuentran en giro y atentando contra la reserva de estas. También han proliferado los abogados penalistas de toda fuente académica y estudios jurídicos diversos, convertidos en «opinólogos» que, sin profundizar en los casos ni tener parte en los procesos, comentan los hechos como expertos.

Además, son los más requeridos y los mejores pagados de la rama del Derecho. Las opiniones de magistrados y abogados penalistas en los medios de comunicación tienden a confundir a la audiencia o lectores, ya que todo no pasa de ser meras especulaciones mientras no exista una resolución fiscal o judicial. Por lo demás, en los últimos años, los procesos han dejado de ser reservados y se filtran con facilidad las resoluciones y disposiciones judiciales a los medios de prensa. Esto atenta contra los derechos de los justiciables, ya que, mientras no exista una sentencia consentida y ejecutoriada, la presunción de inocencia prima.

A ello se suman las procuradurías del Estado, las cuales toman parte en los procesos y emiten informes y solicitudes a los juzgados, colocando apodos y alias a los imputados sin que estos hayan sido denunciados de manera formal, afectando también el derecho al buen nombre que asiste a los justiciables. El procurador no es un policía, fiscal ni juez, simplemente es un impulsador de los procesos en los que el Estado es parte, encargado de defender los intereses del Estado, pero no sentencia, califica ni determina la sanción a ser aplicada al imputado.

Los fiscales han perdido de vista lo que significa la imputación. Los actos de investigación que realiza un fiscal son para construir una imputación. No imputa para luego investigar, lo normal es que investigue para imputar, realizando la investigación preliminar. Luego, en la etapa preparatoria, continúa investigando para sustentar su imputación.

Es sumamente importante la buena formación y la aplicación de la deontología profesional de los jueces, fiscales y demás magistrados, sobre todo si se tiene en cuenta que tan solo una decisión fiscal o judicial puede destruir la vida de un inocente, al que muchas veces se le priva de su libertad por años, sin sentencia. Los fiscales y jueces no pueden considerarse a sí mismos reyes ni verdugos.

En ese sentido, opino que solo es necesario introducir algunos cambios en ciertos códigos y procedimientos, orientados a evitar el poder omnímodo que tienen los fiscales y jueces, quienes están obligados a cumplir las leyes y hacerlas cumplir, no a utilizar sus facultades para abusar del ejercicio de administrar justicia, amparados en el criterio de conciencia.

Al igual que ocurre en la mayor parte de nuestra región, la justicia peruana no es predecible, es decir, nadie puede presumir de antemano que, siendo en realidad inocente, el fallo del juez le resulte favorable. No es así, razón por la que reza un dicho muy común: «**Si te acusan de haber robado una torre de la catedral de Lima, ponte a buen recaudo, porque un juez te puede sentenciar con pena de cárcel**».

Para nadie es novedad que la justicia peruana se ha politizado y, a su vez, esto ha dado origen al enfrentamiento entre poderes: el Ministerio Público contra el Poder Ejecutivo, el Poder Judicial contra el Poder Legislativo, el Jurado Nacional de Elecciones contra el Poder Legislativo, la Policía Nacional del Perú (PNP) contra el Ministerio Público, la Junta Nacional de Justicia (JNJ) contra el Poder Legislativo y el Tribunal Constitucional (TC), la intromisión de los medios de prensa y oenegés (ONG) en el Ministerio Público. Ya teníamos bastante con la politización de la Superintendencia Nacional de Aduanas y Administración Tributaria (SUNAT) y de la Contraloría General de la República como para hacer lo mismo con la justicia. Estas dos últimas instituciones son, muchas veces, manipuladas para atacar y perseguir a contrincantes políticos.

Tal como lo he manifestado, el sistema judicial de un país es tan sensible como el sistema nervioso del ser humano. La estabilidad del sistema judicial es importantísima para el normal desenvolvimiento de las transacciones económicas, para la estabilidad de la moneda, para el respeto a la normativa, para preservar los derechos humanos, para la confianza en el Estado, para la libertad de expresión y otros fines de una sociedad sana, solidaria y con esperanza de desarrollo.

El sistema judicial está en parte enfermo, pero no a consecuencia de la injerencia de un elemento externo que podría neutralizarse o eliminarse en corto plazo. Al parecer, atraviesa los síntomas de un mal muy peligroso que los médicos llaman «enfermedad autoinmune». El sistema inmunitario no diferencia entre tejido sano y antígenos que pueden ser nocivos. Como resultado, el mismo organismo provoca una reacción que autodestruye sus tejidos normales. El sistema inmunitario ataca por error a las células sanas.

Valga esta analogía para tratar de explicar por qué el sistema judicial continúa autodestruyéndose de forma progresiva y no se ha erradicado oportunamente el mal de la corrupción. Ninguna de las altas autoridades del sistema ha podido detectarlo a tiempo y, menos aún, tomar acciones correctivas. En los organismos e instituciones que integran el sistema judicial no puede diferenciarse con claridad entre buenos y malos elementos, que lo desprestigian día a día. Es más, se atacan unos a otros, no respetan los códigos de la moral y la ética. La amígdala cerebral de ciertos administradores de justicia quedó bloqueada e inactiva, razón por la cual no funciona la alerta sobre lo incorrecto. Es más, cuando se trata de sancionar a los malos elementos, se cubren unos a otros, aplicando el falso «espíritu de cuerpo».

Hasta hace pocos años, los elementos corruptos pertenecían a la plana menor: suboficiales de la Policía que solicitaban dádivas a los choferes para no imponer una multa de tránsito, un soldado que sustraía gasolina de los vehículos del Ejército, un suboficial que robaba piezas de las aeronaves, un fiscal que extorsionaba a un presunto delincuente, un juez de primera instancia que recibía una coima para adelantar o demorar la sentencia. Hace unos años, se trasladó droga en buques y en aviones militares y se archivaron los casos con la sanción a miembros de la plana menor de los institutos armados. Los jefes quedaron impunes.

Hoy esta situación ha escalado en la estructura piramidal y ha llegado a los grados superiores: los coroneles de la Policía compran sus ascensos por treinta o cuarenta mil dólares, hay generales del Ejército procesados por robo de gasolina, marinos y aviadores de alto nivel están comprometidos con cohecho en la compra de armamento y pertrechos militares, jueces y fiscales a nivel de cortes superiores y fiscalías supremas han sido cuestionados por corrupción... ¿Qué pasó?

Contamos con 134 000 policías, de los que 24 000 han ingresado en los últimos cinco años. Según la Contraloría General de la República, el 75,7 % de los actos de corrupción se dan en la Policía Nacional. Se dice que existe un déficit de 40 000 policías. En un sistema de estas características no podemos diferenciar con facilidad los buenos de los malos elementos.

Las más altas autoridades del sistema judicial parecen no darse cuenta de este fenómeno. Están autodestruyéndose. La sensualidad del poder y el dinero mal habido, sumada a la impunidad, ha generado la corrupción en casi todos los poderes del Estado.

En gran parte de su organización, el sistema judicial tiene como elemento amenazante la capacidad de decidir sobre el derecho a la libertad. Con el poder de administrar justicia que se les da a los operadores del sistema, algunos de estos manipulan y extorsionan a los justiciables. Si los poderosos y jerarcas del sistema judicial lo hacen, ¿por qué no pueden hacerlo los de abajo? Esto se convierte en un círculo vicioso. El personal honesto y que cumple con la ley se convierte en un estorbo.

La pregunta es ¿hasta cuándo?

Las enfermedades autoinmunes no son fáciles de superar, necesitan tratamiento largo. Poner a funcionar el organismo de manera ordenada y positiva demanda el reforzamiento de los elementos electroquímicos cerebrales. En el caso del atrofiado sistema judicial, se requeriría de un plan maestro que contenga políticas, objetivos y metas orientadas desde la formación de profesionales probos y honestos en las diferentes ramas del Derecho, de policías capacitados y especializados en administración de justicia, así como la revisión de los códigos normativos y procesales. Esto tomará tiempo, pero, mientras tanto, pueden tomarse medidas de corto plazo que eviten que siga proliferando la impunidad de los administradores de justicia y que continúen inamovibles en sus cargos a pesar de haberse demostrado su responsabilidad e incapacidad.

Existe un antiguo dicho: «Las manzanas buenas se pudren en una cesta de manzanas podridas». Nada se gana renovando cuadros sin extirpar de manera oportuna los malos elementos y hábitos corrosivos que se mantienen en el sistema judicial. La solución tampoco pasa porque el sistema judicial se «cure» con intervención de elementos ajenos al mismo, ya que debe ser el propio sistema inmunitario el que se recomponga o refuerce de forma progresiva y total. Esto significa que deben ser los mismos órganos o instituciones los que se autorreformen. Para curarse, se tiene primero que reconocer que se está enfermo y, en este caso, corresponde a las instituciones del sistema judicial acordar la ejecución de un solo plan integral de reforma y sanación. Se requieren nuevos cuadros conscientes de su responsabilidad y que respeten los derechos humanos.

Es urgente depurar el sistema judicial, expulsando a los malos elementos que son ampliamente conocidos dentro de las instituciones; solo así podrá empezar a recuperarse la confianza en jueces, fiscales, policías, abogados y otros integrantes de las instituciones administradoras de justicia. Hace pocos años, se denunciaron y desarticularon mafias enquistadas en el sistema judicial («cuellos blancos»). Unos cuantos magistrados fueron a parar en la cárcel, otros se fugaron y no pocos aún mantienen su impunidad, amparados en su poder o complicidad política y en la lentitud de los procesos sancionadores. ***¡No extraditen a ese supremo porque, si habla, hunde a muchos colegas!***

La duda ensombrece cualquier horizonte, ya que ningún proceso de autorreforma ha funcionado en el Perú. Sin embargo, no perdamos la fe en que la mayor parte de los fiscales, jueces y otros magistrados reflexionen y decidan dar el paso hacia la reorganización de sus propias instituciones y a una mejor selección de sus integrantes. Tienen que autoconvencerse de que el mal no radica en la estructura u organización de los sistemas, sino en el mal manejo de estos.

Exhorto a las autoridades del más alto nivel del sistema judicial a tomar estos comentarios como un aporte y no como una afrenta a ellos. Solo pretendo colaborar para evitar el colapso aún mayor de la administración de justicia en mi país. El sistema se encuentra en una de las etapas más críticas de su historia y nadie puede negarlo. Por ello, hagamos el esfuerzo por reconocer esta situación y tratemos de cambiar su imagen y accionar con personas y profesionales dignos, provenientes de una nueva generación.

Este libro es un documento que resume y documenta la situación actual que atraviesa el sistema de administración de justicia del Perú. Con optimismo, espero que se vea superada a la brevedad posible. Solo depende de la voluntad política de nuestros gobernantes y autoridades.

Dejo constancia de que los comentarios contenidos en este libro están basados en acontecimientos reales y de dominio público; por lo tanto, cuando enfatizo en los problemas, hechos y realidades que atraviesa nuestro país en la política y la justicia, no estoy difamando ni injuriando a persona alguna en particular. Analizo estos y propongo medidas que pueden contribuir en la búsqueda de soluciones a la problemática.

Cuando se pierde la confianza en la justicia, todo se corrompe o tiende a degenerarse; no es una percepción, es una realidad. No solo la notamos los peruanos, sino también los extranjeros que pasan por nuestro territorio y tienen conceptos negativos y muy lamentables sobre los peruanos en general. Lo veremos a continuación.

Así piensan los extranjeros de nosotros. Si no cambiamos hoy, no cambiaremos nunca. Escrito por una periodista norteamericana:

> El Perú solo sirve para pasear y no para vivir, y mucho menos para trabajar o hacer negocios. El Perú tiene un cáncer social innato, arraigado en el ADN de sus habitantes, que saca a flor de piel la miseria, el hambre y la desesperación por el dinero, ya que ven a los extranjeros como una fuente de ingresos de un solo uso. Ese cáncer se llama «la ley del más vivo».
>
> El peruano no ve más allá de sus narices y no se da cuenta del beneficio de establecer negocios íntegros y constantes, donde el extranjero regrese y recomiende una y otra vez el servicio o producto.
>
> El Perú es un país prostituido, lleno de corrupción, de mentiras, de bajos instintos, donde no hay conciencia ni remordimientos, donde el sistema judicial no funciona; por lo tanto, no existe justicia. Con dinero puedes comprar jueces, fiscales y testigos. Debido a la cultura de desconfianza, hay reglamentos estúpidos y retrógrados, como el de no usar el celular en los bancos y tratar a un cliente como un delincuente, mientras que, en un país del primer mundo, hasta te reciben con una taza de café en su sala de espera.
>
> Perú, el país donde un delincuente común pasa por encima de los derechos humanos y civiles de un ciudadano peruano, y el criminal recibe apoyo de organizaciones internacionales abogando por sus «derechos

humanos», y el sistema peruano lo premia con abogados gratuitos para defenderlo, usando el dinero de los impuestos que paga la víctima y los familiares de la víctima. ¡Qué ironía!
Perú es el único país donde un funcionario público te responde: «Ya le voy a hacer el favor» cuando no se trata de favores. Se trata de que cumplan con su trabajo, ya que —por si se les olvida— a ellos se les paga con los impuestos que se recaudan de los ciudadanos. Por lo tanto, no es un favor ni una ayuda, es su deber.

Perú es el país donde los policías se inventan, sin autorización de sus superiores, batidas o redadas para extorsionar arbitrariamente a los ciudadanos y así recolectar dinero para su uso personal.

Perú es el país donde prefieren ver a sus hijos durmiendo todo el día en lugar de hacer cosas productivas, ya que a los jóvenes no se les inculca la ética de trabajo y valores profesionales. Según su Constitución, esto es parte de abuso infantil. Mientras que, en países desarrollados, los jóvenes de quince a diecisiete años pueden trabajar para que empiecen a entender lo que significa tener una responsabilidad laboral desde temprano. Otra vez, esta lógica se basa en la erradicación de la cultura colectiva de desconfianza y abuso que existe arraigada en sus habitantes. Pero igual es incorrecto no cultivar el amor al trabajo en los jóvenes.

Perú es el país donde llegan refugiados de forma irregular de países socialistas y se adueñan de las calles a pedir limosna, usando a sus hijos en brazos para dar lástima; otros a delinquir, y algunos a ocupar puestos profesionales de trabajo que les correspondían a un profesional peruano. Y lo peor de todo es que las autoridades apoyan y se hacen cómplices con su silencio de estas acciones.

Y así, puedo seguir con un sinfín de hechos, ejemplos y casos con los que seguro muchos se sentirán identificados. Lo que veo es que el Perú es un país totalmente burocrático, lleno de leyes sin sentido, sumergido en un caos y sin rumbo. Donde se tiene que tener una ley para cada comportamiento de sus ciudadanos, ya que no existe una moral ni coincidencia de lo que está correcto o incorrecto. Y, como ovejas, se les tiene que decir lo que tienen que hacer para que puedan navegar en este mar sin brújula. Así les aflora su instinto de sobrevivir aplicando «la ley del más vivo».

Qué pena por el Perú, ya que es un país muy bello. Lamentablemente, su gente no puede ni podrá tener la oportunidad de ver, palpar y aprender lo que es vivir en un país desarrollado, donde sí se respeten todos sus derechos, donde sí existan los derechos humanos, los derechos propios de la naturaleza; donde hay ley, hay justicia, existen la honestidad, la integridad y la solidaridad.

Así, el Perú no va a evolucionar nunca, no va a salir de la miseria e ignorancia, y siempre se quedará estancado en la mediocridad. A menos que exista un líder como el presidente de El Salvador y acabe con el cáncer social, y renazca una nueva nación. Así de radical tendría que ser el cambio. Y «la ley del más vivo» comienza desde la señora del mercado hasta el presidente de la República.

Base para escribir mi publicación:

Todo esto no me lo contaron, lo viví en carne propia. Soy una periodista profesional graduada de una de las mejores universidades del mundo, como es CUNY; por lo tanto, no puedo ser irresponsable y hablar sin una fuente de información confiable. Mi experiencia de vivir en el Perú por un año y medio es lo que he transmitido en este mensaje.[1]

1 **Fuente.** *Infórmate Perú*
Advertencia. Las referencias respecto a la situación del sistema de administración de justicia, así como las versiones periodísticas, aparecen hasta el mes de febrero de 2025, mes en el que se cierra la edición de este libro.

Politización de la justicia

La mayor parte de los gobernantes y políticos del país, de una u otra forma, han intentado manipular el sistema judicial de acuerdo con sus intereses personales o de grupo. Muchas veces, han logrado intervenir en la designación de fiscales y jueces que les aseguren su impunidad al término de su gestión. Este comportamiento se viene dando desde que se inició la República, pero cada vez de forma más descarada. La justicia no puede ser instrumento de venganza política ni elemento protector de delincuentes.

Durante el segundo gobierno del expresidente Alberto Kenya Fujimori (1995), se pretendió la reforma del sistema judicial, pero, por desgracia, se politizó la misma con la intervención del Sistema de Inteligencia Nacional (SIN). Todo el sistema de justicia quedó sometido al poder ejecutivo. Se manipuló la Fiscalía, el Poder Judicial, la Policía Nacional y el INPE, entre otros.

Cuando creíamos que con lo antes mencionado se había llevado la justicia a pisar fondo, hoy lamentamos comprobar que eso era poca cosa. Estamos mucho peor, porque todo el sistema judicial, empezando por el Ministerio Público y el Poder Judicial e incluyendo la Policía Nacional de apoyo, el Instituto Nacional Penitenciario (INPE), el TC, la JNJ y la Academia de la Magistratura, ha continuado con la sombra de la corrupción. Si queremos ser más pesimistas, sumen a esta corrupción los medios de comunicación, las facultades de Derecho de las universidades, el Congreso de la República, la SUNAT y la Contraloría General de la República. Estos últimos cuentan con pecados de omisión al ser convenientemente selectivos o haber distorsionado las graves denuncias de la gestión de los últimos gobernantes del país.

Se utiliza la justicia para saldar cuentas personales y políticas: «Para mis amigos todo; para mis enemigos la ley», reza un antiguo dicho. Nunca como ahora se ha puesto en evidencia la desconfianza en el sistema judicial, gracias a la globalización de las comunicaciones y a las redes sociales. Hoy en día, los medios de prensa denuncian la corrupción, y no son precisamente la Policía o la Contraloría los que lo hacen. Gracias a los medios de prensa se han conocido casos que han pasado a ser emblemáticos. La escandalosa denuncia contra Odebrecht vino del extranjero, cuando la corrupción de esa empresa ya se había enquistado mucho tiempo atrás.

Es un secreto a voces que ciertos jueces, fiscales y abogados litigantes se han enriquecido en el ejercicio de sus cargos, en particular los magistrados del más alto nivel, con algunas honrosas excepciones. Yo fui testigo de excepción de este deterioro de la moral pública durante mi paso por el Poder Judicial y el Ministerio Público. Conocidos abogados litigantes de connotado prestigio y miembros de estudios poderosos ingresaban en las instalaciones de dichos organismos con maletines de un color y salían con otro de diferente tamaño y color, sin percatarse de que eran observados. ¿Se imaginan qué llevaban los abogados litigantes a ciertos vocales y fiscales supremos?

Esta apreciación sobre la calidad moral de aquellos malos elementos que administran justicia no solo es mediática, también lo ha sostenido el distinguido abogado Dr. Luis Humberto Pásara Pazos, al participar como principal expositor en la conferencia Modernización de los Poderes Judiciales y Calidad de la Justicia en Latinoamérica, evento llevado a cabo en la Academia Nacional de la Magistratura el 16 de abril de 2019.

Lo que refirió el Dr. Pásara dejó sorprendidos y avergonzados a los organizadores del evento. Como sabemos, la Academia Nacional de la Magistratura es «el templo de la reflexión jurídica y de la formación y capacitación de los jueces y fiscales de todos los niveles».

Pásara dijo lo siguiente:

> Hoy día, comprar sentencias es parte del ejercicio profesional.
>
> Me parece que aquí están, en ignorancia y en corrupción, las dos grandes raíces de la falta de calidad en las decisiones, en la falta de mérito profesional de quienes deciden y en la extensión de las redes del crimen organizado que están dentro del aparato de justicia.
>
> La mejor gente dentro de la profesión no quiere ingresar a las instituciones del sistema.
>
> Hay jueces y fiscales que, si no estuviesen en la función judicial, estarían en la calle; es decir, ni siquiera como abogados de cuarta categoría tendrían empleo.

El jurista y exmiembro del TC del Perú, Dr. Gerardo Eto Cruz, manifestó en el diario *Expreso*, de fecha 2 de mayo de 2024, que el colapso al que está llegando la justicia en el Perú se debe a tres factores: la politización, la influencia ideológica y el narcisismo. No deja de tener razón, a la luz de los hechos.

En el primer factor, la situación es más complicada, porque no solo se ha politizado la justicia, sino que también se ha judicializado la política. Se supone que un magistrado no debe integrar el padrón de un partido político, pero, a pesar de ello, no se garantiza que ese mismo actúe sin sesgo político. Como decía mi abuelo: «Todos tenemos un corazoncito político».

Lo grave no radica en eso, sino en que el magistrado se vea influenciado por consignas políticas provenientes de personas e instituciones con intereses de esa naturaleza. Uno de estos es el caso de la intromisión de un organismo no gubernamental en el Ministerio Público, desde hace varios años (ver publicaciones periodísticas más adelante).

El diario *Expreso*, con fecha 8 de abril de 2024, comenta lo siguiente:

> Manifiestamente queda comprobado que los cuestionados integrantes de la Junta Nacional de Justicia (...) son cómplices de la mafia caviar que delictivamente maneja la Fiscalía de la Nación, como ente ajeno al Estado peruano, sujeto a directivas que imponen las oenegés locales, dirigidas por impresentables como Gustavo Gorriti. Un operador designado por oenegés extranjeras financiadas por los George Soros del mundo. Gente dedicada a invadir países como Perú, utilizando sus inacabables recursos financieros para, coercitivamente, imponernos planteamientos ideológicos, así como sociológicos.

El Perú es uno de los tantos países de Sudamérica que han sido invadidos por oenegés con el fin de ideologizar a la población, siguiendo los lineamientos de organizaciones extranjeras a cambio de recibir donaciones sobre las que nunca dan cuenta al país local.

El diario *La Razón*, de fecha 1 de julio de 2024, publicó la entrevista realizada al analista político Ángel Delgado, en la que dice: «Las ONG han inyectado veneno en el sistema de justicia del país». Además, afirma que «Estamos ante una juristocracia, que es el gobierno de los jueces y fiscales».

Las autoridades del sistema judicial, en especial los fiscales y jueces, se consideran intocables y creen que, por la autoridad de la que están investidos, no tienen la obligación de rendir cuentas a nadie. Ni el Congreso de la República puede interpelarlos. Citan al fiscal de la nación para que explique sobre el archivo de una denuncia descomunal y no asiste las tres veces que ha sido citado. Este es el ejemplo del desprestigiado Ministerio Público, que falta el respeto al Poder Legislativo. A esto se refiere el jurista Gerardo Eto cuando hace alusión al narcisismo de ciertos administradores de justicia. En buena cuenta, el Poder Judicial, el Ministerio Público y la JNJ constituyen el primer poder del Estado.

Estas autoridades se escudan en el «criterio de conciencia» e independencia para cubrir sus decisiones sesgadas en la administración de justicia, considerándose infalibles. Su narcisismo se incrementa con la sensualidad del cargo que ocupan, el mismo que viene premunido de oropel, alfombras rojas, sillones labrados con estilo barroco y medallas doradas colgadas de sus cuellos.

El diario *Expreso*, el 14 de mayo de 2024, publicó declaraciones del exfiscal supremo Tomás Aladino Gálvez, en las que sindica a Pablo Sánchez como cabecilla de mafia. Enrostra al exfiscal de la nación y lo acusa, junto a Vizcarra y Zoraida Ávalos, de llevar a la crisis al Ministerio Público.

Con fecha de 18 de junio de 2024, el diario *La Razón* dice:

> Cortarán la cabeza fiscal de la nación. Imputan delito a Juan Carlos Villena por archivar investigación y blindar a Martín Vizcarra.
>
> La congresista de Avanza País, Patricia Chirinos, presentó ante el Congreso de la República una nueva denuncia constitucional en contra del ahora fiscal de la nación, Juan Carlos Villena Campana, con la que busca su inhabilitación por diez años. Con esta medida, se suma una denuncia más en contra del titular del Ministerio Público; esta vez, por haber decidido archivar la investigación preparatoria que se realizaba en contra del expresidente Martín Vizcarra por el escándalo de la compra de pruebas rápidas para detectar el COVID-19.

En ese mismo diario se da cuenta de la entrevista efectuada al excongresista y exministro Juan Sheput, en la que dice: «*La* JNJ es un fracaso: está muy politizada y debe ser reemplazada».

Con fecha 3 de julio de 2024, el diario *Expreso* titula: «Anarquía judicial».

Asimismo, comenta que en una entrevista efectuada al doctor Ernesto Blume, exmiembro del TC del Perú, este opinó lo siguiente: «Exceso del Poder Judicial provoca anarquía en el sistema constitucional». Además, que «Jueces Andrés Tapia y Oswaldo Ordóñez propician caos al entrometerse en otros poderes».

En el diario *Perú 21*, con fecha de 12 de julio de 2024, el abogado y comentarista político Aldo Mariátegui dice lo siguiente:

> Uno debe tomar todo lo que rodea a la justicia actual en el Perú como una serie cómica de Netflix. No vale indignarse, sino ya solo reírse a mandíbula batiente de tanta desfachatez. Me acabo de enterar de que la sala presidida por el juez César San Martín (CSM) acaba de ratificar el fallo que exculpa a la fiscal Zoraida Ávalos por no acusar a Pedro Castillo. ¿Y qué fiscal no archivó la denuncia en 2019 contra este mismo CSM por telefonear a su colega Walter Ríos para que acelere un caso familiar? Pues nada menos que... ¡Zoraida Ávalos! ¡Ayer por ti, hoy por mí!

El 16 de julio de 2024, el diario *La República* señala que la Sala de Apelaciones Nacional condenó a seis años de prisión a Rodolfo Orellana Rengifo por sobornar (con 20 000 USD) a un fiscal de Lima para que archivase dos investigaciones en su contra, utilizando como intermediario a un juez de Huaura, a quien condenó a trece *años de prisión.*

Fallido intento de reforma del Poder Judicial

En el año 1995 me encontraba trabajando en la reorganización del Ministerio de Energía y Minas, desempeñando el cargo de director general de Administración, cuando el secretario general de esa entidad fue designado secretario ejecutivo para la reforma del Poder Judicial, aproximadamente en octubre del mencionado año. Como era de dominio público, Alberto Fujimori había sido reelegido presidente de la República para el periodo 1995-2000 con una gran popularidad (75 %). Santiago Fujimori, hermano del presidente, se encargaba, entre otras funciones, de seleccionar a los viceministros y altos funcionarios del Estado desde inicios del régimen; dicho sea de paso, en aquel momento no se consideraba la norma antinepotismo.

Santiago Fujimori encontró y opinó que la persona *ad hoc* para conducir la reforma del Poder Judicial era el exsecretario general del ministerio antes mencionado, pero sugirió que yo lo acompañara como gerente general de dicha reforma, ya que se quería reforzar la administración presupuestal y el proceso de cambio en el Poder Judicial, para lo cual se demandó la participación de un profesional especializado.

En principio, me resistí porque ya tenía trazada mi línea de carrera en el Ministerio de Energía y Minas. Sin embargo, ante tanta insistencia y considerando que esta reforma no tomaría mucho tiempo, accedí a ejercer esa función a partir de enero de 1996.

Asumí el cargo con la categoría de vocal superior, siendo remunerado a través del Programa de las Naciones Unidas para el Desarrollo (PNUD), institución internacional que administraba los recursos presupuestales del proyecto de reforma del Poder Judicial.

En los primeros meses del año se llevó a cabo la reorganización administrativa, con un proceso de reducción de personal de más de 1200 trabajadores a 600 a nivel nacional; siendo estos últimos debidamente capacitados con un programa de inducción desarrollado durante un mes antes de ingresar. Se mejoraron los sistemas informáticos y de control de personal, así como la seguridad de los expedientes y del acervo documentario. Hasta allí se manejaban en paralelo los programas de la reforma y el día a día de la Gerencia General.

El avance de la reforma en la parte administrativa fue notorio. Se reorganizaron las mesas de parte, haciendo aleatoria la recepción de expedientes para que los mismos no fueran digitados y orientados a determinados jueces y vocales; se organizaron los despachos de las cortes superiores y de la Corte Suprema; se capacitó al personal administrativo y jurisdiccional; se organizaron seminarios y cursos especializados para jueces y vocales; se implementaron las gerencias administrativas a nivel de cortes superiores en todo el país; se dotó de computadoras a las áreas administrativas y jurisdiccionales; se instauraron las salas transitorias para descongestionar la carga procesal, y se creó la Sala Comercial a nivel de la Corte Suprema, entre otros avances.

No obstante, de repente, Santiago Fujimori, quien venía impulsando la reforma con relativa independencia, fue desplazado y asumió esa función el asesor del SIN. Este cambio no solo fue dramático, sino corrosivo. Lo primero que hizo el SIN fue someter al secretario ejecutivo de la reforma con instrucciones directas para seleccionar a jueces corruptos que estuvieran dispuestos a obedecer sus consignas. Todos los programas de reforma del Poder Judicial tenían que pasar previamente por las manos del SIN. Este organismo infiltró a sus miembros en la Gerencia de Personal para revisar los antecedentes de magistrados de dudosa reputación, no para expulsarlos, sino para manejarlos. Aparecieron algunos jueces y vocales con signos exteriores de riqueza, coimeros y llenos de antecedentes negativos.

Como gerente general de la reforma, le hice conocer al secretario ejecutivo mi extrañeza por esa infiltración; sin embargo, no se podía hacer nada. Pero lo que sí colmó la medida fue que se me comunicara que tenía que cambiar la empresa de seguridad contratada por el Poder Judicial por otra con nombre propio. Yo le comuniqué al secretario ejecutivo que la empresa a cargo había ganado un concurso público llevado a cabo recientemente por el PNUD (UNOPS) y que, para resolver su contrato, se requería la acumulación de una serie de amonestaciones y sanciones previas, salvo causa grave o de fuerza mayor. Al no darse estas condiciones, resultaba arbitraria la medida, más aún cuando la empresa sustituta propuesta por el SIN tenía antecedentes de negocios turbios y de narcotráfico que en años anteriores se difundieron en la revista *Caretas*.

Este caso y otros en los que manifesté mi negativa para acatar solicitudes sumamente raras hicieron que el SIN le ordenara al secretario ejecutivo de la reforma que me despidiera. Este último le comentó que no podía hacerlo porque yo estaba enterado de la intervención del SIN en el Poder Judicial, además de otros detalles sobre su intromisión. Fue así que dicho secretario me propuso como secretario ejecutivo de la reforma del Ministerio Público, a cargo de la fiscal de la nación, la Dra. Blanca Nélida Colán Maguiño, con claras instrucciones del SIN para que fuese ella la que se encargase de despedirme a la brevedad posible.

Frustrada reforma del Ministerio Público

Como antecedente, es necesario comentar que para el SIN era importante intervenir en ciertas investigaciones en giro sobre narcotráfico, razón por la que utilizó a la Dra. Blanca Nélida Colán Maguiño, quien, como fiscal de la nación, se encargaba de digitar a los fiscales para dichos casos, a quienes tenía extorsionados con denuncias penales por corrupción. No les procesaba las denuncias mientras eran útiles para tapar la corrupción. Ella se presentaba en la televisión para absolver las dóciles preguntas de los conductores de los programas políticos, acompañada de fiscales intimidados que no hablaban. Solo ella lo hacía, aunque con limitada solvencia.

A la Dra. Colán le aterraba investigar a un narcotraficante, lo que quedó demostrado cuando, en el año 1982, el doctor Gonzalo Ortiz de Zevallos, el primer fiscal de la nación, le encargó investigar al narcotraficante Carlos Lamberg Meléndez, vinculado al Partido Aprista Peruano. La Dra. Colán le solicitó al fiscal de la nación su relevo por haber recibido amenazas, según ella. Más tarde, esta magistrada timorata llegaría a ejercer la más alta posición en el Ministerio Público.

Entre los casos más sonados en el año 1994 estuvo el de Demetrio Chávez Peñaherrera, alias «Vaticano», narcotraficante que declaró en la primera audiencia de su juicio haber entregado 50 000 USD mensuales al SIN para que se le permitiera el aterrizaje de avionetas que trasladaban droga desde la selva peruana (VRAEM). Este delincuente atestiguó con normalidad y con toda su capacidad oral. En la siguiente audiencia, Vaticano ya era otro: no recordaba nada y balbuceaba. Tal vez fue amenazado, dopado o quizá dañado cerebralmente para desvirtuar su primera declaración. Lo mismo sucedió en el caso de los narcoaviones y narcobuques, donde solo habló la Dra. Colán y los fiscales *ad hoc* se limitaron a afirmar moviendo sus cabezas. Al final, el caso concluyó con la condena de suboficiales y marineros. Ningún oficial de alto rango fue sancionado de manera penal y mucho menos los funcionarios del SIN.

En el año 1996, mediante la Ley Nro. 26 623, se constituyó, al igual que en el Poder Judicial, la Comisión Ejecutiva del Ministerio Público, de lo que aprovechó el SIN para deshacerse de mí como gerente general y disponer a la Dra. Blanca Nélida Colán Maguiño que me designase como secretario ejecutivo de la mencionada comisión, lo que se concretó con la Resolución Nro. 002-96-MP-FN-CEMP, de fecha 28 de junio de 1996. De este hecho me enteré el 3 de agosto de 1996, luego de haber sido defenestrado por la Dra. Colán.

El SIN le indicó al secretario ejecutivo encargado de la reforma del Poder Judicial que no me despidiera, sino que yo tenía que ser designado secretario ejecutivo de la reforma en el Ministerio Público, organismo a cargo de la Dra. Blanca Nélida Colán Maguiño. Ella sería la encargada de despedirme en el cortísimo plazo y así desaparecerme del escenario de la reforma sin culpa del SIN ni del aludido secretario ejecutivo del Poder Judicial. La responsable de mi defenestración resultaría ser la fiscal de la nación. Esta versión me la confirmó una abogada asesora de la Comisión Ejecutiva de la Reforma del Poder Judicial.

El 28 de junio de 1996 juré al cargo ante la Comisión Ejecutiva de la Reforma del Ministerio Público y los fiscales de Lima y Callao, con categoría de fiscal supremo, con voz, pero sin voto. Al parecer, este era un mérito más que un castigo. Por otra parte, el secretario ejecutivo de la reforma del Poder Judicial y el SIN no aparecían como los malos de la película; sin embargo, la Dra. Colán me despediría esgrimiendo cualquier causa o motivo, según lo acordado con el SIN.

Cuando tenía una semana ejerciendo el cargo, la fiscal de la nación, siguiendo el libreto, me convocó para que brindara una charla a todos los fiscales provinciales y superiores de Lima y Callao en la que les diera a conocer el plan de reforma del Ministerio Público. Yo le expliqué a la Dra. Colán que era muy corto el tiempo para concluir ese trabajo y acordamos realizar la reunión tres días después, es decir, a los diez días de mi ingreso al Ministerio Público. La señora fiscal creyó que en ese poco tiempo era imposible contar con un plan de reforma.

Por supuesto que, para sorpresa de la señora Colán, durante los diez primeros días de julio ya había diagnosticado la situación crítica que atravesaba la institución a nivel nacional, incluyendo los objetivos y metas de corto y mediano plazo para esta reforma; asimismo, conocía cómo se venía direccionando arbitrariamente la función jurisdiccional y el manejo presupuestal. En esa oportunidad, mencioné la lamentable situación que se sufría en las morgues del país, ya que no solo les faltaban instrumentos de trabajo y cámaras frigoríficas, sino que, además, no tenían personal suficiente. Parte de los médicos forenses trabajaban *ad honorem* (¡gratis!).

Antes de mi exposición, ya me había entrevistado con los otros fiscales supremos: Miguel Aljovín Swayne (Q. E. P. D.), Flor Adelaida Bolívar Arteaga (Q. E. P. D.), Nelly Calderón Navarro, Pedro Pablo Gutiérrez Ferreyra (Q. E. P. D.) y José Clodomiro Chávez Valderrama (Q. E. P. D.); por lo tanto, contaba con un plan coherente y sustentable, conociendo de paso cómo pensaban los más altos magistrados.

Aljovín, Bolívar y Calderón me hicieron conocer todas las arbitrariedades cometidas por la Dra. Colán y me ofrecieron coloquialmente «construirme un monumento» si lograba que dicha fiscal de la nación fuese destituida por la gravedad de sus actos. Lo raro y anecdótico de este ofrecimiento es que, no obstante conocer las irregularidades de la Dra. Colán, ellos no la denunciaban conforme lo establece el Código Penal, el cual indica que quien, a sabiendas de un ilícito penal, no denuncia los hechos, se convierte en cómplice y asume responsabilidad. Tal omisión resulta más grave aún al tratarse de fiscales supremos en ejercicio. Increíblemente, más tarde, todos ellos llegarían a ejercer el cargo de fiscales de la nación.

En el momento en que la fiscal de la nación me presentó ante todo el auditorio, al que asistieron alrededor de trescientos fiscales de Lima y Callao, dijo:

—Estaré solo diez minutos en este auditorio y me voy a retirar porque tengo pactada otra reunión fuera del Ministerio.

Luego de expresar mi saludo a los fiscales, les manifesté que, antes de sustentar el plan de reforma, iba a proyectar un video que resumía el diagnóstico de la situación administrativa de la institución. La proyección tomó veinte minutos, más cuarenta minutos de exposición. Al finalizar, recibí el aplauso de los asistentes y desperté mucha expectativa por su contenido. Por supuesto, la señora fiscal de la nación no se había retirado; había permanecido sentada durante toda la exposición. Su rostro expresaba sorpresa, rabia y desazón, como incrédula de lo que había visto y escuchado.

En días posteriores, se presentó en mi oficina el fiscal Gutiérrez Ferreyra, quien me confió que en su fiscalía suprema tenía trabajando a dos sobrinos y, como yo había anunciado que iba a denunciar el nepotismo, quería saber qué hacer. Le indiqué que tenía dos opciones: sus sobrinos renunciaban o solicitaban su cambio a otra fiscalía en la cual no estuvieran bajo su dependencia; pero este hecho no lo exoneraba de haber transgredido la ley. Así sucedió con otros fiscales que necesitaban ponerse a buen recaudo antes de iniciar la reforma.

También me visitó el asesor de la Dra. Colán, el Dr. Robinson Gonzales Campos (Q. E. P. D.), quien tenía a su cargo el Instituto de Investigaciones de la Fiscalía. Me consultó sobre su futuro en vista de la reforma. Más tarde, este abogado sería designado vocal supremo del Poder Judicial.

Después de mi exposición ante los fiscales, la Dra. Colán inició el acoso a mi Secretaría Ejecutiva, presentándose inopinadamente e interfiriendo en el desarrollo de nuestras actividades. No comprendía ni quería aceptar que el nuevo titular de pliego era yo y no ella, quien, según la ley, pasó a dirigir solo el ámbito jurisdiccional del Ministerio Público.

Como gestor de la administración de la institución, emití resoluciones que no le cayeron bien a ella —y creo que a ningún fiscal—, como fue la referida a la Declaración Anual de Bienes y Rentas, de las cuales sortearía un 10 % para ser sometidas a revisión e investigación, con el fin de detectar posibles desbalances patrimoniales.

También mi Secretaría Ejecutiva gestionó la resolución que aprobó el Reglamento de Organización y Funciones de la Comisión Ejecutiva. De igual forma, se elaboró el programa de racionalización y de renuncias voluntarias con incentivos y cambio de régimen laboral para el personal administrativo. Por último, se propuso la Ley Orgánica del Ministerio Público, la reforma del sistema de fiscales, el despacho y la carrera fiscal; asimismo, se gestionó ante el Ministerio de Economía y Finanzas la aprobación de un presupuesto adicional de treinta millones de soles para la reforma.

Cuando la Dra. Colán tomó nota de las propuestas de cambio, sintió que perdía poder y no volvió a citarme a las reuniones de la Junta de Fiscales Supremos, donde participé una sola vez. El presupuesto para la reforma era administrado por el PNUD y el titular de la cuenta era yo, por lo que a la fiscal de la nación solo le restaba obstruir; más aún cuando no supo utilizar los recursos provenientes de un préstamo del Banco Mundial por treinta millones de soles y devolvió quince millones a ese banco, informando que había «ahorrado». Nada más absurdo, si se tiene en cuenta la situación desastrosa que atravesaba el Ministerio Público a nivel nacional; ¡faltaban recursos, no sobraban! Lo que sucedió es que nunca tuvo un plan de reforma y, en consecuencia, no pudo demostrar capacidad de gasto.

Así pasaron tres semanas de trabajo intenso, pese a la obstrucción de la fiscal, hasta el martes 23 de julio por la mañana, cuando me enteré de que la mencionada magistrada estaba citando a la Comisión Ejecutiva —sin invitarme, por supuesto— para destituirme sin expresión de causa, dado que yo no me sometía a su mandato. Esto me lo comunicó un trabajador que estaba harto de la corrupción y compartía mi inquietud reformista. Trabajaba en el mismo despacho de la fiscal de la nación. Al destituirme, cumpliría la recomendación del SIN y se desprendería de un secretario ejecutivo incómodo.

Denuncia pública

Una vez que me enteré de las intenciones de la fiscal de la nación, convoqué de inmediato a mis asesores y afinamos una exposición documentada sobre la situación administrativa y jurisdiccional del Ministerio Público y del plan de reforma. Asimismo, dispuse que se convocara a una conferencia de prensa para el día siguiente.

Asistieron casi todos los medios de radio, televisión y prensa. Por supuesto, también estuvieron presentes los asesores de la Dra. Colán y personal especializado del SIN, estratégicamente camuflados.

Considerando que la Dra. Colán tenía el pleno apoyo del SIN y que mi destitución ya estaba cantada, comuniqué a los medios de prensa todo lo que estaba en el diagnóstico y en el plan de reforma. Mi anticipación frustró la acción de la fiscal de la nación. Ya no podía destituirme por incapaz ante el contenido del planteamiento sustentado a los medios de comunicación. En síntesis, me anticipé a la inminente destitución.

Pero ¿qué causó el estupor y el temor de los fiscales supremos, fiscales de menor nivel y del personal administrativo del Ministerio Público? Fue lo siguiente:

- Llevar a cabo un proceso de racionalización del personal administrativo, con cambio de régimen laboral, solicitando previamente la renuncia voluntaria de seiscientos cincuenta trabajadores de la Gerencia General del Ministerio Público antes de cubrir las nuevas plazas a través de concurso público.
- Terminar con el nepotismo en todos los niveles de la institución, incluyendo las fiscalías supremas y empezando por la fiscal de la nación, que contaba con familiares trabajando bajo su dependencia.
- Solicitar la presentación de declaración jurada de bienes y rentas a todo el personal administrativo y jurisdiccional, con sorteo anual del 10 % de las mismas para someterlas a investigación y detectar presunto enriquecimiento ilícito.
- Haber puesto en evidencia la problemática del Ministerio Público a nivel nacional, donde se mostró la carencia de locales adecuados y necesidades logísticas no atendidas.
- Investigar las razones de la limitada ejecución presupuestal del préstamo del Banco Mundial para solventar la reforma.
- Denunciar la desatención de los procesos para la destitución de fiscales corruptos y quejados.
- Reorganizar el despacho de los fiscales y hacer aleatoria la asignación de casos penales.
- Reorganizar el Instituto de Medicina Legal, donde laboraban cuarenta y siete trabajadores estables y ciento veinte en situación *ad honorem*, que no se sabía de qué vivían, si no cobraban sueldo.

Al día siguiente de la conferencia de prensa (el viernes 26 de julio de 1996), apareció en los diarios de mayor circulación de Lima el resumen de esta, en el que se resaltaba el contenido de mi exposición, sin mayor escándalo ni aspavientos, con excepción del diario *La República*, que en primera página dijo:

> Ministerio Público denuncia: hay fiscales drogadictos (...) Serán destituidos al igual que los que son alcohólicos. Harán operativos para sorprenderlos *in fraganti*.

Pero ¿de dónde salió este titular, que no reflejaba lo más sustantivo de mi exposición? El autor fue un periodista de *La República* que se me acercó luego de la conferencia de prensa y me preguntó:

—¿Es cierto que se va a destituir a fiscales corruptos?

Yo le respondí que en los primeros veinticuatro días de gestión había tomado conocimiento de que existía más de un fiscal con problemas de alcoholismo y drogadicción, a quienes íbamos a separar de sus cargos.

De esta declaración suelta se valió el reportero para armar todo un escándalo y publicarlo en la portada del diario. Ningún otro diario, emisora radial o canal de televisión mencionó algo al respecto. ¿Cómo explicar este hecho? Muy sencillo: al concluir la convocatoria a conferencia de prensa, la Dra. Colán se comunicó con el SIN y este armó toda la estrategia para distraer la atención sobre el diagnóstico de la reforma y orientar lo dicho por mí a un tema que no dejaba de ser importante, pero anecdótico, toda vez que la destitución de fiscales alcohólicos y drogadictos iba a ser un hecho consecuente de la reorganización del personal, pero no la razón de la reforma.

Después de mi conferencia de prensa, el SIN citó al diario *La República*, a la fiscal de la nación, a sus asesores y a Santiago Sanguinetti Galindo (un mercenario del SIN que denunciaba a funcionarios públicos a cambio de un pago), a fin de planificar el escándalo que justificaría mi salida. El SIN había grabado mi exposición, el diario había formulado la pregunta capciosa a mi persona después de mi exposición y la fiscal de la nación tenía la facultad de pedirme las explicaciones sobre lo manifestado por mí. El objetivo era el escándalo mediático del día 26, utilizando el diario *La República*. Se diseñó la portada y contenido del diario, la denuncia que presentaría Sanguinetti y los términos del oficio que me remitiría la fiscal de la nación.

La misma noche del 25 de julio, se reunió la fiscal de la nación con la Comisión Ejecutiva y firmó el oficio dirigido a mi despacho en el que decía que, en esa fecha (25 de julio), había aparecido en la portada del diario *La República* una declaración mía considerada ofensiva contra los fiscales. ¿Cómo sabía la fiscal de la nación lo que iba a aparecer en el mencionado diario el día 26, si es que el titular no fue redactado en el SIN con la complicidad del reportero de *La República*? Todo fue aparentemente bien planeado, pero al mejor tirador se le escapa la paloma: el oficio que me fue dirigido por la fiscal tenía fecha 25 y la publicación se hizo el 26 de julio de 1996.

En los días posteriores, la fiscal de la nación continuó solicitándome que declarara los nombres de los fiscales alcohólicos y drogadictos. Los expedientes procesados por la fiscal suprema de Control Interno, a cargo de Flora Adelaida Bolívar Arteaga, se encontraban en el despacho de la Dra. Colán para proceder a la destitución de dichos fiscales, pero no los diligenciaba. Quedó demostrado más tarde que a estos fiscales con antecedentes de corrupción y vicios los utilizaba la Fiscalía de la Nación como fiscales *ad hoc*, para someterlos a las directivas de los altos mandos de la Fiscalía y del SIN. Los casos que le interesaba manejar al SIN los encargaban a los *ad hoc*.

La Dra. Colán insistía en pedirme los nombres con la intención de utilizar a los fiscales para que me denunciaran por difamación, a sabiendas de que yo no contaba con el contenido de los expedientes de Control Interno, los cuales se guardaban en su despacho. No estaban en mi poder porque la fiscal Bolívar nunca me dio una copia, solo contaba con la referencia del número de los expedientes. ¡Astuta la fiscal Colán!, pero no caí en su trampa.

Luego de la publicación tendenciosa de *La República*, otros diarios se interesaron en destacar los objetivos de la reforma del Ministerio Público; mientras tanto, la Dra. Colán continuaba acosándome para que diera los nombres de los fiscales. Así llegó el día 1 de agosto de 1996, en que hice llegar mi respuesta al oficio de fecha de 25 de julio. En su contenido, respondía a los requerimientos de la fiscal y la exhortaba a contribuir con la reforma.

En mi respuesta a la fiscal de la nación, le reiteraba la existencia de procesos no resueltos para la destitución de fiscales comprometidos en tráfico de drogas y en alcoholismo. No falté a la verdad y así lo reconoció la fiscal de la nación en sus declaraciones a la prensa; pero lo que en realidad enfureció a la mencionada magistrada fue que le exhortara a cambiar su actitud frente a la reforma del Ministerio Público, dejando de lado el afán protagónico y su negación ante las irregularidades y deficiencias materiales y humanas en el Ministerio Público y en el sistema judicial, cuya existencia es de conocimiento público y cuya realidad ha originado la promulgación de las leyes Nro. 26 246 y 26 623.

La Dra. Colán aparecía declarando a diario en Radio Programas del Perú sobre las «bondades» de su gestión en el Ministerio Público. Su interlocutor contratado era Jesús Miguel Calderón, periodista de dicha emisora.

Mi destitución

Lo manifestado en mi informe, que no era otra cosa que la verdad, fue considerado por la fiscal de la nación y por los otros miembros de la Comisión Ejecutiva como términos agraviantes, razón por la que emitieron la Resolución Nro. 88-96-MP-FN-CEMP, dando por concluida mi designación como secretario ejecutivo. La mencionada resolución fue comunicada a mi persona a las 9:30 p. m. del 1 de agosto de 1996, a través del gerente general del Ministerio Público, Ricardo Mendoza Torres, y bajo un cerco de policías que revisaron y retuvieron todos los documentos y objetos personales del personal a mi cargo. El mencionado gerente general era mi subordinado, por lo que deduzco que fue infiltrado en mi gestión como informante de la Dra. Colán.

Mi cese en el cargo de secretario ejecutivo apareció en la portada del diario *La República* de fecha 2 de agosto de 1996. No podía ser de otra manera, ya que este diario era parte del tinglado dirigido por el SIN. Mi destitución fue una amenaza para todo aquel que intentase levantar la voz y denunciar la corrupción.

El diario *La República* se puso en evidencia con una declaración de Gustavo Mohme (Q. E. P. D.), director y dueño de ese medio y, a la vez, congresista de la república, cuando dijo:

> El desarrollo de la función de Dávila no ha sido muy feliz. Ha entrado con mucha prepotencia para adelantar una denuncia que al final no ha podido esclarecer. Esto debió procesarse al interior de la Fiscalía, de haber resultado cierto.

En otras palabras, según Mohme, debí esconder la denuncia bajo la alfombra. ¿Este señor no conocía las tropelías de la fiscal de la nación? Lo que en realidad desconocía el señor Mohme es que, para denunciar a las mafias enquistadas en los organismos públicos, no solo hay que ser valiente y estar limpio, sino además tener vocación para luchar contra la corrupción.

Pero ¿qué pasó en la tarde y noche del 1 de agosto en la Fiscalía de la Nación? Se reunieron los miembros de la Comisión Ejecutiva para redactar la mencionada resolución de cese, así como para organizar la forma en que iban a proceder en los siguientes días. Citaron también a Sanguinetti, quien, en su calidad de ciudadano «libre e independiente», me demandaría por desacato a la fiscal de la nación y difamación a los fiscales. También citaron al jefe de la VII Región de la Policía Nacional, el general Eduardo Malásquez, para que se encargara de mandar una dotación de agentes policiales que irrumpieran en mi despacho y me desalojaran a la mala. Así fue, con diecisiete policías que, en formación de asalto, procedieron a retirar y decomisar todos los documentos y objetos personales míos y de mis colaboradores. Hay que decir que la PNP también estaba bajo el dominio del SIN, como fue de conocimiento público.

En los días sucesivos, se pronunció el decano del Colegio de Abogados de Lima, Vladimir Paz de la Barra (Q. E. P. D.), quien celebró mi destitución, planteando que «sean los abogados y magistrados quienes asuman la dirección de las reformas en la administración de justicia».

Se creyó que mejorando los sueldos de los magistrados se acabaría la coima, pero se equivocaron. Lo que lograron fue que se elevara el monto de estas. Esto sucedía —y sucede— en la PNP, el INPE, la Fiscalía y el Poder Judicial. A partir del año 2000, se multiplicó la corrupción, alcanzando niveles espantosos, donde están comprendidos los últimos siete presidentes de la República y funcionarios de alto nivel. Pregunto: ¿dónde estuvo la Contraloría General de la República? Yo lo sé, «corriendo tras los pericotes cuando las ratas estaban sueltas». Ningún caso de corrupción mayor ha sido denunciado por esa institución de control en los últimos veinticuatro años. Las grandes denuncias han sido divulgadas por algunos medios periodísticos y otras han llegado al país desde el extranjero.

Las reacciones inmediatas contra mi persona surgieron de la propia Fiscalía: me denunció la fiscal de la nación, también por desacato, y me sometió a una investigación fiscal durante noventa días. Tuve que defenderme solo, porque cuando acudí a prestigiosos estudios de abogados que apoyaron la reforma del Poder Judicial y asesoraban al secretario ejecutivo de la reforma de ese organismo a cambio de jugosos honorarios, todos se negaron por temor a litigar contra la Dra. Colán y el SIN. Al final, la fiscal Lourdes Rivera Santander, de la Quinta Fiscalía Provincial en lo Penal de Lima, terminó archivando la denuncia al no haber medios probatorios de desacato a los fiscales y autoridades del Ministerio Público. Como se comprenderá, al estar enfrentado a un poderoso Ministerio Público y al propio SIN, fui objeto de seguimiento e investigaciones por múltiples ángulos, aunque se archivaron todos los procesos. La fiscal que archivó la denuncia contra mi persona tuvo que dejar de trabajar en el Ministerio Público, como era de suponerse.

Otra denuncia fue la del inefable Sanguinetti, que fue tan torpe al redactar su contenido que dijo: «Destitución del licenciado Dávila que se hará efectiva por la Resolución Nro. 88-96-MP-FN-CEMP, que será publicada en el diario oficial el día de mañana».

La pregunta surge de inmediato: ¿cómo sabía el señor Sanguinetti el número de la resolución de cese y que sería publicada al día siguiente, si no es porque estuvo en la reunión en que se planeó todo y le fue entregada copia de la mencionada resolución? Esto fue armado y dirigido por el SIN, pero con errores garrafales de sus monigotes. Hasta inventaron un término que no figuraba —por lo menos hasta ese entonces— en el diccionario de la Real Academia Española: «inidóneo». Los propios fiscales también me denunciaron por difamación y calumnia. Los trabajadores administrativos apoyaron mi destitución por obvias razones, pues yo había anunciado en mi exposición la reducción de personal excedente y no calificado.

Luego de mi destitución, «milagrosamente» comenzaron a aparecer las resoluciones de expulsión de fiscales por falsificación de documentos, tráfico de drogas, alcoholismo y otros delitos de función. También continuaron los despidos y destituciones de fiscales cuyos expedientes tuvo retenidos la fiscal de la nación.

El 9 de agosto de 1996 se emitió la Resolución Administrativa del Titular del Pliego del Ministerio Público Nro. 051-96-SE-TP-CE-MP, en la que se aceptaba la renuncia del señor Stephen Paul Jordán Ortega al cargo de confianza de asesor, designado por la Resolución Suprema 088-92-JUS del 16 de junio de 1992. Este asesor resultó ser sobrino de la fiscal de la nación, hijo de su medio hermano José Daniel Jordán Maguiño (Q. E. P. D.), quien murió el 10 de noviembre de 1996. La fiscal de la nación, Blanca Nélida Colán Maguiño, y el fiscal supremo Pedro Pablo Gutiérrez Ferreyra cometieron nepotismo. No pasó nada, pese a que el congresista Javier Velásquez Quesquén denunció el caso de nepotismo de la fiscal de la nación, no solo con su asesor Jordán Ortega, sino con la fiscal adjunta Ana Colán Subauste.

El haberme atrevido a denunciar la corrupción significó un daño psicológico y moral para mí y mi familia. Al dejar el Ministerio Público, fui perseguido y acosado durante tres meses. Personas extrañas me seguían hasta en el cine y vigilaban mi casa día y noche, un vehículo permanecía frente a mi hogar con personal de inteligencia en su interior, fui incluido en el RUC sensible, intervinieron mis teléfonos, investigaron mis ingresos a fin de detectar algún desbalance patrimonial y aparecieron varios homónimos en las entradas y salidas de los aeropuertos, por lo que tenía que portar mis certificados de homonimia de manera permanente. Mi esposa también fue acosada y amenazada.

Lo que no comprendía ni aceptaba el SIN era que yo había sido capaz de enfrentarme a la corrupción solo; según su imaginación, alguien con más peso tenía que estar detrás de mí. Fue así hasta que se cansaron de buscar, pero nunca encontraron nada con qué hacerme daño.

Caída de Blanca Nélida Colán Maguiño

Pese a todas las tropelías de la fiscal de la nación, esta continuó en el desempeño del cargo hasta el 6 de noviembre del 2000, fecha en que el fiscal supremo Pedro Pablo Gutiérrez Ferreyra

(Q. E. P. D.), como encargado de la Fiscalía de la Nación y presidente de la Junta de Fiscales Supremos, aceptó la renuncia de Blanca Nélida Colán Maguiño.

El Consejo Nacional de la Magistratura (hoy Junta Nacional de Justicia) canceló el título de magistrada del Ministerio Público a la exfiscal de la nación Blanca Nélida Colán Maguiño y manifestó su extrañeza por la aceptación de su renuncia por parte de la presidencia de la Junta de Fiscales Supremos, estando de por medio una investigación preliminar a dicha magistrada.

El 17 de junio de 2001, la Fiscalía Suprema en lo Contencioso Administrativo y la Procuraduría Adjunta solicitaron la detención definitiva de Blanca Nélida Colán Maguiño por estar vinculada con la protección del jefe de una organización criminal, encubrimiento personal y omisión de denuncia contra el asesor del SIN.

El miércoles 25 de julio de 2001, la exfiscal de la nación quedó confinada en el penal Santa Mónica por orden de la Sala Suprema por los delitos de encubrimiento real (protegió al asesor del SIN de cualquier investigación), omisión de deberes (no lo investigó ni denunció por sus vínculos con el narcotráfico), falsedad genérica y enriquecimiento ilícito (recibió dinero del SIN y tenía una casa valorizada en 700 000 USD).

El 18 de agosto de 2005, la exfiscal de la nación Blanca Nélida Colán Maguiño fue juzgada y condenada a diez años de prisión por haber puesto el Ministerio Público a favor de los intereses del SIN. Asimismo, tres veces se intentó el remate de su casa ubicada en La Molina para el pago parcial de la reparación civil, fijada en un 1 500 000 nuevos soles; sin embargo, nadie compró la vivienda sometida a remate.

Por último, la exfiscal de la nación fue puesta en semilibertad el 8 de enero de 2008, al cumplir dos tercios de su condena (seis años y cuatro meses). El asesor del SIN aún continúa en prisión. Los fiscales supremos Pedro Pablo Gutiérrez y José Clodomiro Chávez murieron al poco tiempo, así como los fiscales supremos

Miguel Aljovín y Flora Adelaida Bolívar. También falleció el exfiscal y posterior juez supremo Robinson Gonzales Campos.

Por qué se rompió la mutua lealtad entre el SIN y Blanca Nélida Colán (según la revista Caretas)

Al encontrarse cercada por múltiples cuestionamientos, la fiscal de la nación Blanca Nélida Colán Maguiño conversó con el SIN para hacerle conocer su decisión de renunciar al cargo. Ante ello, se le increpó que no podía hacerlo hasta que culminase el gobierno de Fujimori. Frente a la insistencia de la Dra. Colán, el SIN le tendió una trampa para extorsionarla: la compra de una nueva vivienda.

Para ello, comisionó a un connotado excongresista fujimorista para que convenciera a la doctora de vender la propiedad donde vivía, un discreto chalé ubicado en el Jr. Los Halcones, en San Isidro, herencia de sus padres, y adquirir una residencia situada en la avenida Las Palmeras, de la urbanización Camacho, valorizada en 750 000 USD.

La justificación para la operación era simple: la empresa GHV compraría la casa de Los Halcones en esa misma suma para construir un edificio, monto que sería distribuido entre los herederos de su fallecido hermano José Daniel Jordán Maguiño (250 000 USD), la Dra. Colán y su hermana (500 000 USD). Ambas invertirían sus 500 000 USD en el adelanto de pago de una residencia situada en Camacho y completarían el saldo de 250 000 USD restantes con un préstamo hipotecario que les generaría un costo mensual de 4178 USD a pagar al banco.

Con esta trama, el SIN, en contubernio con el congresista y el gerente del desaparecido Banco Nuevo Mundo, convenció a la Dra. Colán de llevar a cabo la operación y le ofreció todo su apoyo. Después de que la fiscal de la nación ocupara su nueva residencia, misteriosamente apareció en la revista *Caretas* (edición Nro. 1543 del mes de noviembre de 1998) la denuncia de la operación de compra de una casa con un crédito otorgado de forma sospechosa por el mencionado banco, préstamo que la mencionada fiscal y su hermana no podían devolver, dado que sus ingresos mensuales no se lo permitían.

Las deudoras tenían que pagar más de 12 000 soles mensuales por el préstamo y sus ingresos no pasaban de 10 500 soles al mes, ¿de dónde sacarían el dinero? Por lo demás, para obtener un crédito cuyo pago mensual exigiera dicho monto, tendría que haberse demostrado un ingreso tres veces mayor al monto a pagarse cada mes al banco.

Con esta denuncia, la Dra. Colán quedó totalmente sometida al poder del SIN. Si renunciaba, ¿quién la protegería en un proceso por desbalance patrimonial, considerado delito por el Código Penal? Esto la obligó a continuar en el cargo hasta noviembre del 2000, año en que renunció luego de la caída del régimen de Fujimori.

Para el SIN no existía la lealtad hacia quienes colaboraban con dicha institución. Una vez utilizados, los descartaba sin miramiento alguno. Lo mismo le pasó al secretario ejecutivo de la reforma del Poder Judicial, que fue reemplazado por David Pezúa.

Todo lo antes expuesto responde a la verdad de los hechos. Todo está documentado y consta en los archivos de los medios de comunicación, así como en los anales judiciales; por lo tanto, solo quiero que recuerden este pasado para no repetirlo con nuestra permisividad y silencio sempiterno.

Colapso de la administración de justicia

Como lo mencioné antes, tarde o temprano volvería a destaparse la olla de grillos del Ministerio Público. Pasaron veintinueve años desde que denuncié las tropelías de la Dra. Blanca Nélida Colán Maguiño, otrora fiscal de la nación, digitada y monitoreada por el SIN.

Hoy no solo se cuestiona el Ministerio Público, sino todo el sistema de justicia, dada la deficiente gestión de ciertos administradores de justicia. Nunca estuvo tan desprestigiado este organismo encargado de la persecución del delito como titular de la acción penal. Por supuesto que esta aseveración exceptúa a aquellos magistrados honestos y transparentes con los que aún cuentan los organismos que integran el sistema judicial.

Si bien en el año 1996 conocí la corrupción dirigida desde el SIN, esta estaba centralizada en la propia fiscal de la nación y no necesariamente en la Junta de Fiscales Supremos. De cualquier forma, los otros fiscales supremos de aquella época en ningún momento denunciaron a la mencionada fiscal de la nación, a pesar de que conocían sus delitos. Se limitaron a seguir la sucesión sin que nadie los denunciara por omisión, tal como lo establece el Código Penal.

Tuve que ser yo quien denunciara a la señora Blanca Nélida Colán Maguiño por los ilícitos penales ante la prensa, por lo que fui perseguido y denunciado con el beneplácito de los juristas de ese momento —y algunos de ellos viven aún— por haberme atrevido a denunciar la corrupción.

¿Qué pasó en el Ministerio Público después de la caída del gobierno de aquel entonces y de su funesto SIN?

En primer lugar, se frustró la reforma de dicho organismo autónomo al no ser aceptada por los propios fiscales. Mientras prime el falso espíritu de cuerpo, nadie ni nada se autorreformará; por lo tanto, nunca será posible hacer una reforma seria en el sistema de justicia si los magistrados no deciden hacerlo ellos mismos, pero con seriedad y convencidos de la importancia de esta. Ninguno de los sucesores de la Dra. Colán tuvo la voluntad política de autorreorganizar la entidad.

En segundo lugar, se generalizó la corrupción en el seno del mismo Ministerio Público y se politizó la persecución del delito de forma parcializada.

Hoy el Ministerio Público es una institución contaminada por la política, donde fiscales mediáticos se disputan el poder y responden a prebendas e intereses de políticos y empresas que han estafado al Estado peruano. Los fiscales han abusado de su poder para coaccionar a colaboradores eficaces y extorsionar a presuntos delincuentes, para encarcelar a otros sin mayores pruebas o indicios corroborados, aplicando la prisión preventiva como arma de presión, conforme lo denuncian los medios de expresión.

Sin embargo, esta situación no es responsabilidad solo de los fiscales, sino también de algunos jueces que se prestan a dar pase a denuncias y al recurso facilista de los primeros. En la mayor parte de los casos, los fiscales solicitan la prisión preventiva y declaran los procesos como complejos, a fin de tomarse años en investigaciones preliminares y formalización de denuncias tardías. Además, califican cualquier caso de organización criminal sin los elementos de convicción razonables y suficientes para ello.

Desde que intervine en el proyecto de reforma del Ministerio Público, quedó claramente establecido que no se trataba de cambiar o replantear el sistema de justicia, lo que se necesitaba y se requiere hasta la fecha es revisar y modificar el Código Penal y el Código de Procedimientos Penales, redefiniendo las funciones de los fiscales y sus despachos y proponiendo la carrera de Magistratura y la línea de carrera de los fiscales y jueces.

Es necesario que se precise que el Ministerio Público es un organismo autónomo desde el punto de vista funcional y jurisdiccional, mas no es el equivalente de un poder del Estado.

Conocemos por experiencia que lo que falla no es el sistema en sí, sino los operadores de este. Presento una simple y elemental metáfora: si entregamos un vehículo moderno y de alta gama a un chofer inexperto o no calificado, va a destruirlo en corto tiempo; en consecuencia, el problema no radica en el diseño o modelo del vehículo, sino en la mala calidad del chofer.

Por lo tanto, es necesario replantear la formación de jueces y fiscales con especialización en la carrera de la Magistratura. Para ello, será necesario introducir una reforma en la rama del Derecho y la formación profesional de los abogados.

También tenemos otro problema que incide en la oportuna administración de justicia, que es la carga procesal y el uso abusivo de los plazos de investigación preliminar y preparatoria. No se realiza una indagación previa antes de proceder a admitir una denuncia y dar paso a la investigación preliminar. Se admiten todas las denuncias sin ser valoradas con los sustentos indiciarios valederos y suficientes. Estoy seguro de que bastaría con esto para reducir la carga procesal.

La actual carga procesal demanda la necesidad de nombrar más fiscales y jueces, en su mayoría provisionales, con lo que se debilita el sistema de justicia. En la Corte Suprema existen 42 jueces supremos provisionales. A nivel nacional hay 5 264 jueces titulares y 11 412 jueces provisionales. Lo mismo sucede en el Ministerio Público.

Los fiscales y jueces provisionales son vulnerables a las presiones de la jerarquía administrativa y jurisdiccional del sistema judicial. No se aplica de forma estricta el «criterio de conciencia». Hoy los fiscales y jueces están expuestos no solo al escrutinio público, sino también a las presiones mediáticas, políticas y sociales, así como al poder de la propia delincuencia organizada, que los extorsiona y amenaza. Tampoco escapan a la espada de Damocles que pende sobre ellos por parte de la Junta Nacional de Justicia (JNJ), la que los «evalúa», ratifica o asciende periódicamente.

Si un magistrado acude al Poder Judicial para interponer una querella contra la JNJ, pregunto: ¿se atreverá el juez que la admite a sentenciar en contra de la mencionada Junta? Lo dudo. Es más, la JNJ no evalúa a jueces y fiscales, sino que contrata estudios de abogados para que se encarguen de esa labor. Se trata de estudios jurídicos que litigan y, por lo tanto, es posible que puedan manipular a los administradores de justicia, lo que produciría un conflicto de intereses. ¡Es el colmo!

Volviendo al tema del exponencial crecimiento de la carga procesal, todos conocemos que esta supera ampliamente la capacidad operativa de los magistrados si no se racionaliza a tiempo. Esto explica la razón por la que los juicios duran tantos años sin resolverse. Sin embargo, nadie hace nada para analizar las causas de su constante incremento. Este problema no se resuelve designando magistrados supernumerarios. Esto por sí solo no es la solución.

También es conveniente revisar los procedimientos de los códigos, a fin de agilizarlos. Igualmente, es vital que se eliminen las aristas a través de las cuales se filtran las «leguleyadas» que utilizan los litigantes para obstruir la pronta administración de justicia. Es cuestionable que en las facultades de Derecho se enseñe a los estudiantes y futuros abogados las «artes» para dilatar los procesos.

Es necesario precalificar exhaustivamente las denuncias que presenten los ciudadanos para evitar que resulten incipientes, inconsistentes y falsas, lo que aumenta la carga procesal y los costos de la administración de justicia. Muchas veces, estas denuncias son hechas con la finalidad de dañar la imagen, prestigio o carrera de una persona, quien, luego de largos años, resulta absuelta e inocente de los presuntos cargos o acusaciones, sin que se redima el daño moral y material causado por irresponsables demandantes.

Hace poco se ha liberado, gracias a una sentencia de la Corte Suprema, a un general del Ejército que ha pasado veinticinco años encarcelado. Hace unas semanas, la Policía detuvo y denunció al presunto número dos de la organización terrorista Sendero Luminoso que opera en el VRAEM, con un amplio despliegue mediático. Se hizo lo mismo con un sereno de la Municipalidad Metropolitana de Lima. Ambos tuvieron que ser liberados por ser inocentes. ¿Quiénes reparan el daño moral y la injusticia?

Presentar denuncias tendenciosas se ha convertido en un deporte nacional. No hay un funcionario público que no acumule una serie de denuncias que lo acosen, corriendo el riesgo de sufrir prisión preventiva, embargo de sus bienes, allanamiento, etc. Asimismo, los jueces se hacen cómplices de fiscales incapaces que no investigan lo suficiente para obtener elementos de convicción sólidos y que los inducen a errores en el control de las acusaciones. Pocos jueces se molestan en leer los expedientes a su cargo; son los adjuntos, especialistas o auxiliares los encargados de esa tarea.

Es indispensable que se detengan las denuncias antojadizas y sin sustento. No basta que alguien declare una falta o delito contra un ciudadano. Tiene que aportar pruebas indiciarias coherentes y consistentes. Los fiscales tienen que llevar a cabo una etapa previa antes de iniciar una investigación preliminar, que suele denominarse «etapa indagatoria». Voy a hacer una analogía de sentido común: si en su casa acontece una inundación por fuga de agua de una cañería rota, ¿qué es lo primero que haría? ¿Desaguar con el uso de baldes y estropajos o cortar la llave general que abastece de agua su casa? La respuesta es obvia, bloquear el ingreso del agua. Bueno, en el sistema judicial no se bloquea el ingreso de falsas y tendenciosas denuncias,

Las denuncias que presenten los ciudadanos en las mesas de parte deben ser precalificadas debidamente para evitar abrir carpetas fiscales sin ton ni son, lo que, luego de largos y costosos procesos, termina en archivo o sobreseimiento. Asimismo, toda denuncia o demanda que resulte inconsistente, malévola o falsa debe merecer la sanción correspondiente para quien la plantee, asumiendo además los costos que esa etapa indagatoria implique.

Estoy seguro de que tan solo esto reduciría el trabajo de fiscales y jueces, sin considerar que además se reduciría el ingente gasto que representa para el Estado la administración de justicia.

¡Paremos el deporte de coactar al ciudadano a través de denuncias falsas, inconsistentes e insuficientes, que después de dos o tres años terminan archivándose, con el perjuicio moral y material del justiciable!

Atentados

Para los corruptos no importa el mensaje,
hay que matar al mensajero.

No me ha sido fácil denunciar y alzar mi voz contra los abusos. El precio ha sido y seguirá siendo alto, porque decir la verdad en cualquier parte del mundo genera reacciones inmediatas, por temor a que se conozca a quienes delinquen realmente. En el sector público nunca he tenido sentencia alguna en mi contra, solo afronté un juicio por haber aprobado la ampliación de un servicio de seguridad a un viceministro amenazado de muerte por una organización terrorista. El caso fue archivado por el juzgado. Al procurador del Estado le llamó la atención por entorpecer la administración de justicia durante dos años.

Sin embargo, en el sector privado he tenido alrededor de catorce denuncias tendenciosas y falsas que terminaron por ser archivadas o sobreseídas. ¿La razón? No permitir la participación de falsos inversionistas que, antes de mi gestión, endeudaron a la empresa en la que presté servicios como administrador judicial.

Sé que, al escribir este libro, también se generarán intereses por tapar la realidad y para ello inventarán múltiples razones; pero todo lo que comento en esta obra está fundamentado en hechos de dominio público. Estoy dispuesto a afrontar lo que venga; mientras tanto, les narraré lo que me aconteció por enfrentarme al sistema corrupto.

Primer caso: Desalojo de la Policía Nacional de Requisitorias del Palacio de Justicia

Hasta el año 1996, la Policía de Requisitorias operaba en el sótano del Palacio de Justicia con gran impunidad y abuso contra los justiciables que caían en sus redes. Allí iban a parar todos los requeridos por la justicia, reales o imaginarios. Cuando era detenida una persona a solicitud de los juzgados, la llevaban a este lugar, donde la confinaban hasta que el juez confirmara sus generales de ley y determinara el penal en el que debería permanecer (para los reales); pero también un ciudadano podía ser detenido por una simple homonimia, en cuyo caso bastaba con tener el mismo nombre o apellidos del justiciable (para los imaginarios). Igual, ambos pasaban por el mismo vía crucis.

El detenido ingresaba en los calabozos previo registro y despojo de sus bienes personales (cartera, documentos, joyas, pasadores, correas, etc.). Había varios ambientes igual de detestables y pestilentes, pero tenía la opción de elegir cualquiera de ellos a precio módico. Le ofrecían colchones para pasar la noche (cartones y papel periódico tamaño grande, mediano o chico a los que llamaban «colchón paraíso», «drimer» o solo «colchoneta») también a precios de oferta, porque de lo contrario, dormía en el piso.

Si el detenido tenía apetito, podía comprar pollo con previo pago y propina para el policía vigilante *delivery*, lo que incluía otro pollo para él. Si estaba todo el día, este mecanismo se repetía también en la mañana, tarde y noche. Si quería comunicarse con un familiar, era llevado a los tragaluces enrejados donde, a viva voz, hablaba a un costo por minuto. Así, todos los días pasaba lo mismo hasta que era llevado al juez. Los policías de requisitorias se esmeraban en capturar los viernes, porque así el detenido era extorsionado sábado, domingo y hasta el mismo lunes.

Si, con buena suerte, el juez calificaba al detenido en cuarenta y ocho horas, ordenaba su traslado a un penal o su libertad (homonimia); pero para ello también había que sufrir. Recibida la orden, se procedía a devolverle sus bienes personales al detenido, aunque nunca su dinero o cualquier joya, reloj o algo que le apeteciera al policía. El detenido no tenía dónde quejarse. Milagrosamente, antes de salir, se perdía la llave del calabozo y se le pedía al detenido dinero para obtener un duplicado; otras veces, se perdía el sello de la prevención y tenía que proporcionar dinero para un duplicado que se obtenía en el jirón Puno. En una entrevista con un detenido, me dio a conocer que desembolsó mil soles por dos días que pasó en Requisitorias (1995).

La Policía de Requisitorias contaba con un local apropiado y mejor instalado en la avenida Canadá, pero este sistema de corrupción en el Palacio de Justicia era «más rentable», por lo que no convenía a los intereses de los explotadores y corruptos policías. Estando a cargo de la Gerencia General del Poder Judicial (primer semestre de 1996), traté con el jefe de Requisitorias el tema del traslado de este cuerpo fuera del Palacio; sin embargo, se presentaron muchas excusas para no hacerlo, hasta que decidí ponerles camiones de mudanza y desalojarlos en veinticuatro horas.

La reacción no se hizo esperar. A los dos días de la mudanza, fui víctima de un atentado cuando me trasladaba a mi domicilio: tres personas dentro de un automóvil blanco dispararon al personal de mi seguridad, quienes repelieron el asalto. Uno de ellos persiguió y alcanzó a un delincuente, le rompió el pantalón y sustrajo los documentos del sujeto (presunto delincuente). Con todo ello, hice la denuncia ante la Séptima Región Policial de Lima.

A los quince días y ante mi insistencia, me respondieron que se había capturado a los presuntos delincuentes, pero que, luego de la prueba de reacción atómica, el resultado fue negativo (nunca dispararon). Por el contrario, la esposa del sujeto que perdió sus documentos había interpuesto una denuncia contra el personal de mi seguridad por atentar contra su propiedad (el vehículo), que presentaba daños por bala. Como siempre, se volteó la torta: los delincuentes eran los agentes de mi seguridad. Paralelamente a mi denuncia ante la propia policía, ofició al Ministerio Público para que dispusiera el apersonamiento de un fiscal ante el caso denunciado, pero nunca fui atendido. La respuesta fue que **«no se cuenta con personal disponible». ¿Quién fue el agente manipulador? El SIN, sin lugar a dudas.**

Segundo caso: Investigación sobre Tomás González Reátegui, presidente del Consejo Transitorio de Administración Regional de Loreto (CTAR Loreto)

Me encontraba desempeñando el cargo de viceministro de Desarrollo Regional en el Ministerio de la Presidencia, donde venía investigándose un concurso de presuntos delitos cometidos por el presidente del CTAR Loreto, Tomás González Reátegui, persona de confianza del SIN y de la presidencia de la República. Ya en esa época, el mencionado presidente del CTAR había promovido un atentado contra las sedes regionales del Poder Judicial, del Ministerio Público, de la SUNAT y de la Contraloría General de la República. Dichos locales se incendiaron para desaparecer pruebas de los delitos materia de la acusación en su contra.

También incendiaron la azotea del Ministerio de la Presidencia, donde se encontraban los archivos, pero nunca se supo si fueron agentes del SIN o del propio presidente del CTAR Loreto. A pesar del incendio provocado, no pudieron eliminar las pruebas contra Tomás González, lo que permitió que mi despacho continuara con los procesos en curso, algo que mortificó a la mafia.

Mientras estaba en una consulta médica en Lince, el vehículo que me asignaron y los dos policías de resguardo a mi cargo fueron asaltados y se intercambiaron disparos. Un policía de mi seguridad hirió en el brazo a uno de los delincuentes, a quien se le cayó el arma y su reloj pulsera; pero, por desgracia, no pudo capturar al agresor. Con las pruebas del atentado, hice la denuncia, pero la respuesta de la Policía Nacional fue que el arma había sido robada a uno de sus miembros y se desconocía el nombre del delincuente. El caso se archivó, como de costumbre.

Más tarde, Tomás González Reátegui fue designado ministro de la Presidencia y, a la caída del gobierno, fue procesado y condenado a prisión por los delitos cometidos en el ejercicio de su puesto como presidente del CTAR Loreto.

Tercer caso: Rechazo al cambio del jefe de seguridad del Ministerio de Energía y Minas

Al asumir el cargo de secretario general del Ministerio de Energía y Minas en mayo del año 1998, dispuse el barrido electrónico de las líneas telefónicas y cables, a fin de detectar instalaciones de espionaje, audición y grabaciones clandestinas en todos los despachos de viceministros y del ministro. Sabía del llamado «chuponeo» que llevaba a cabo el SIN a los funcionarios públicos de alto nivel. Se encontraron varias líneas intervenidas que no se tocaron y permanecieron así para no levantar sospechas de que hubieran sido detectadas. No se utilizaban esas líneas, salvo para llamadas banales y sin importancia. Esto motivaba que periódicamente se recibieran llamadas del SIN, como por ejemplo una que decía: «Aló, ¿farmacia Luren?», a lo que yo respondía: «No, contesta la morgue». Con el paso del tiempo, se percataron de que ya no les era útil.

El SIN siempre estuvo tras la toma de este ministerio, dada su importancia y los ingentes recursos que manejaba este sector. Utilizaba toda clase de argucias para intervenirlo, a través de congresistas, políticos y gremios empresariales. El SIN quería capturar la seguridad del ministerio para obtener toda la información a fin de alcanzar mayor poder de manipulación en los inversionistas del sector minero energético.

Con tal propósito, el SIN encargó a un oficial de la Policía Nacional, quien dirigía Seguridad del Estado, tratar conmigo el cambio del jefe de seguridad del ministerio. Llegó dicho policía a mi despacho para informarme que estaba procediéndose al cambio, ante lo cual le comuniqué que ese cargo era muy sensible para el señor ministro por el nivel de confianza que se requería y que antes tenía que consultar la procedencia de lo solicitado con la Alta Dirección. Esto incomodó al hombre de confianza del SIN. El ministro de Energía y Minas se comunicó con su homólogo, el ministro del Interior, y se dejó sin efecto el cambio.

En represalia, el SIN planeó un atentado contra mi seguridad personal en el verano del 2000. Yo me encontraba un fin de semana (sábado y domingo) fuera de Lima y le pedí a mi seguridad que me recogiera. En la tarde del domingo, el chofer, para cortar un trecho de la carretera, tomó la vía de la Panamericana Antigua y, al pasar por Arica, chocó con la parte lateral de un camión porta tropas que invadió la pista y se detuvo bruscamente en medio de esta. El vehículo del ministerio quedó destrozado y el chofer con conmoción cerebral.

Luego de reponerse, el chofer recordó que, al producirse la colisión, se golpeó la frente contra el parabrisas, pero vio ligeramente acercarse a dos policías que abrieron la puerta del auto, uno de los cuales dijo: «¡Carajo! Este no es». Después, el chofer perdió el conocimiento. El vehículo del ministerio tenía lunas polarizadas, por lo que no resultaba tan fácil ver a sus ocupantes. Esto evidencia que buscaban hacer daño a otra persona, que por coincidencia era yo y no el conductor del vehículo.

El chofer del ministerio fue llevado a una posta de la zona donde fue atendido y permaneció hasta la mañana siguiente (lunes), en la que fue dejado en su casa. El martes me informaron que el vehículo estaba en el taller. La reparación corría por cuenta de la compañía de seguros, pero teníamos que asumir el monto de la franquicia, estimado en quinientos dólares. Me comuniqué con nuestro jefe de servicios, un capitán de fragata en situación de retiro, y le encargué efectuar las investigaciones del caso junto al jefe de seguridad del ministerio.

Los resultados de la investigación arrojaron lo siguiente: según declaraciones del chofer, el choque se produjo en Arica (antigua Panamericana Sur); sin embargo, en la pista no se encontró ningún rastro de vidrios o metales que evidenciaran el impacto. La dueña del quiosco de periódicos situada en la esquina de la cuadra donde se produjo el choque no sabía nada ni vio nada. El porta tropas no se encontró en ningún lugar. En la posta médica no figuraba la atención al chofer y en su casa se informó que fue llevado por una camioneta de la policía; no hubo receta médica ni constancia de atención alguna. Una llamada anónima al Centro de Operaciones de Emergencia del ministerio dio a conocer dónde se encontraba el vehículo siniestrado. ¡Pura magia!

Sospechando que era obra de la gente del SIN, le encargué a nuestro capitán de fragata, el jefe de servicios, que se entrevistara con su compañero de promoción, quien ejercía formalmente el puesto de jefe del mencionado servicio de inteligencia, para darle a conocer estos hechos y solicitarle, frente las misteriosas acciones de ocultamiento, que asumiera el pago de la franquicia, ya que de lo contrario sería notificada esta «coincidencia» a la prensa. Para esos momentos, el chofer ya había recuperado la lucidez del todo. El SIN pagó la franquicia sin ninguna objeción, y de manera informal, por lo que, ante este reconocimiento, ya no era necesaria mayor demostración ni alegato.

Dadas las circunstancias, tras haberse puesto en evidencia el poder del SIN, capaz de desaparecer todas las pruebas de un atentado sin dejar rastro, recibí el consejo de mi familia de renunciar al cargo, lo que hice en agosto del año 2000, un mes antes de que se descubrieran los videos y audios de Vladimiro

Montesinos y tres meses antes de la caída del régimen de Alberto Fujimori. Para ese entonces, el SIN ya tenía bajo su control el Ministerio de Energía y Minas (septiembre de 1999).

Fusilamiento de un inocente
Caso de la vida real

Antes de abordar el tema, debo expresar mi preocupación por los comentarios que hizo el Dr. Duberlí Rodríguez en el año 2017, en su condición de presidente de la Corte Suprema de Justicia del Perú, quien manifestó que:

> El caso de la condena a muerte que se aplicó en el año 1957 al condenado Jorge Villanueva Torres, apodado «Monstruo de Armendáriz», podría ser revisado y merecer la absolución póstuma, en vista de que al parecer se trataría de un error al sentenciarse a un inocente, acusado de homicidio y violación de un niño de tres años.

Mejor hubiese sido que mencionado magistrado guardara silencio, ya que su declaración, aunque confirma la realidad del sistema judicial, es desmoralizadora y ratifica una vez más que no existe garantía alguna ni confianza en la administración de justicia en el Perú. ¿Qué pueden esperar de este Poder del Estado los pobres y desvalidos, a quienes no solo se les aplica todo el rigor de la ley, sino también se les puede condenar siendo inocentes?

Si hace sesenta y ocho años se cometieron errores tan garrafales, con la participación de jueces de la talla de un Domingo García Rada, ¿qué podemos esperar de la mayoría de los fiscales y jueces mediocres que hoy en día imparten «justicia»? Bastaría con señalar que la corrupción viene desde el más alto nivel de la magistratura del Poder Judicial: se han conformado bandas de crimen organizado, como los «cuellos blancos». Lo mismo sucede en el Ministerio Público y en la Policía Nacional de apoyo a la justicia.

El Perú atraviesa uno de los peores momentos políticos de los que se tenga memoria, solo comparable con la posguerra con Chile. Nuestra sociedad está enferma, el crimen y la impunidad son el pan de cada día, al extremo de que ya no nos llama la atención los atentados, las muertes, las violaciones, los robos, los asaltos de la delincuencia común ni la corrupción en los más altos niveles de funcionarios públicos y empresarios privados.

Desde el año 2000 hasta lo que va del 2025, el Perú ha tenido diez presidentes de la República: cinco elegidos constitucionalmente y cinco encargados por sucesión presidencial. En los últimos siete años han pasado por la presidencia cinco mandatarios; es decir, han gobernado en promedio un año y cuatro meses.

De los diez presidentes, ocho están procesados fiscal y judicialmente. De ellos, dos están presos en cárcel y en proceso de juzgamiento, uno con prisión domiciliaria, dos están procesados con impedimento de salida del país, uno está muerto (se autoeliminó por temor a ser encarcelado), uno está investigado y uno estuvo indultado y luego falleció. De los dos restantes, uno fue investigado y aún no se cierra el proceso y otro está imputado con múltiples investigaciones, pero ejerciendo el cargo. Por lo demás, cientos de funcionarios penan cárcel y están comprendidos en procesos fiscales y judiciales diversos.

Muchos ciudadanos consideran que la pena de muerte para los delincuentes sería la solución definitiva para aplicar a los criminales, violadores de menores y otros con delitos mayores. Sin embargo, por desgracia, no es estrictamente cierto que esta sería una medida disuasiva y suficiente para castigar al reo. Y resultaría peor que la justicia se equivoque y termine eliminando inocentes.

Un caso de «error», «negligencia» o abuso de la justicia es el que a continuación paso a relatar. Se trata de un caso real que aconteció hace más de setenta años en el distrito de Barranco

(Lima, Perú) cuando gobernaba Manuel Carlos Prado Ugarteche en su primer periodo.

Relato de los hechos

Los hechos que voy a relatar acontecieron en el distrito de Barranco, ubicado a veinte minutos del centro de Lima. Se trata de un lugar bohemio, tranquilo, de poca población, donde casi todos se conocían, a tal extremo que al policía, al panadero, al lechero y al cartero del barrio hasta los llamaban por sus nombres.

El 8 de septiembre de 1954, un niño de tres años identificado como Julio Hidalgo Zavaleta fue hallado muerto, con el cráneo destrozado y signos aparentes de violencia sexual, en los cañaverales de la quebrada de Armendáriz, en el mencionado distrito. Seis días después, la Policía creyó dar con el culpable: un hombre afroperuano de treinta y cinco años llamado Jorge Villanueva Torres.

Según las crónicas policiales de entonces, Uldarico Salazar, un vendedor de melcocha, declaró haber visto al niño llevado de la mano por un individuo de raza negra. Las autoridades validaron su testimonio y detuvieron a varias personas con esa característica. Más tarde, cuando el comerciante vio a Villanueva en un álbum fotográfico, se mostró convencido de que él era el asesino.

Villanueva negó su responsabilidad desde el inicio. Tras días de interrogatorios, los investigadores dijeron haberlo oído confesar el crimen y, pese a los pocos medios probatorios que se tenían, el caso fue empujado hasta una condena a muerte. La presión no solo fue ejercida por la población, sino también por los medios de prensa.

El procesado sostuvo que los investigadores lo forzaron a autoinculparse, pero el Tercer Tribunal Correccional no le creyó. A dos años de su arresto, el 7 de octubre de 1956, fue finalmente condenado a la pena capital. La Corte Suprema rechazó su apelación en 1957 y, con ello, ratificó el fallo. Hasta su último momento de vida, la madrugada del 12 de diciembre de ese año, Villanueva gritó por su inocencia.

Para ubicarnos en el escenario de esos luctuosos sucesos, es necesario describir el lugar y los personajes que participaron en todo el proceso:

El escenario se ubica entre las calles y jirones: Miraflores, Atahualpa, Huáscar y la avenida Miguel Grau. Todas ellas colindan entre sí.

En el jirón Atahualpa vivía la familia Hidalgo Zavaleta, de condición modesta, cuyo hijo fue víctima del presunto asesino Jorge Villanueva. En esa misma calle residía el vendedor de melcocha (caramelo de leche, azúcar y anís) Uldarico Salazar Bermúdez, testigo que acusó a Villanueva.

En la calle Huáscar vivía un gasfitero o plomero apellidado Luján, quien contrataba eventualmente a Jorge Villanueva Torres como ayudante. Este último residía en las zonas más deprimidas de Barranco. Era un delincuente carterista, escapero que había purgado cárcel, pero que trataba de regenerarse.

En la calle Miraflores, esquina con Huáscar, existían unas casas de clase media, todas muy parecidas, pero antiguas. En una de ellas residía una señora de edad madura (de alrededor de sesenta años), quien cuidaba de su hijo que padecía de retardo mental, de más o menos treinta años. Su apariencia hacía notar su mal estado: pelo negro ensortijado, tez blanca con manchas y ropa desgastada por el uso.

El abogado de Villanueva Torres fue Carlos Enrique Melgar, militante aprista y novato profesional en leyes para ese entonces. El juez de la causa fue Carlos Carranza Luna y los integrantes de la sala de la Corte Suprema del Perú que ratificaron la condena a pena capital contra Villanueva Torres fueron Alberto Eguren, Domingo García Rada, Tello Vélez, Napoleón Valdez y Ricardo Bustamante.

Yo era un niño de diez años y siete meses cuando tomé conocimiento directo de este crimen, pues residía en la calle San Roque, ubicada al costado de la parroquia San Francisco, cuya paralela es la calle Santa Rosa, que formaba esquina con la calle Miraflores. Esta, a su vez, era paralela con el jirón Atahualpa, escenario del rapto del menor. Mis abuelos paternos residían en la calle Santa Rosa y con frecuencia los visitaba para luego desplazarme a jugar con mis amigos en la calle Miraflores. Uno de los lugares donde me sentaba a conversar con los chicos del barrio era la vereda colindante con la puerta y ventana donde vivía la señora anciana con su hijo, un enfermo mental que aparentaba tener treinta años de vida, desgreñado y de pelo crespo. Él solía sentarse en su ventana para observar los juegos, pero nunca nos habló ni supimos su nombre.

Las familias eran tan confiadas de la buena fe de sus vecinos que los niños de poca edad también jugaban en las puertas de sus casas sin mayor temor, porque nos conocíamos y cuidábamos mutuamente. Justo el día en que hallaron muerto al niño Julito, Jorge Villanueva había estado apoyando al señor Luján en un trabajo de gasfitería; pero Luján nunca fue llamado como testigo, a pesar de que la coartada fue presentada por el presunto criminal.

El melcochero Uldarico Salazar, que era vecino de la familia Hidalgo Zavaleta, no reconoció al niño de tres años y medio que Villanueva llevaba de la mano hacia el lugar del crimen, cuando le compró el dulce y le pagó con una moneda de plata de colección por el valor de veinte centavos. Esto no constó en la declaración del melcochero. ¿Por qué no avisó de inmediato a los padres del niño, si lo vio de la mano de un desconocido? ¿Por qué ocultó la moneda de plata? ¿No identificó al presunto criminal?

Si conocía a las pocas personas que transitaban por la zona, ¿cómo el melcochero no pudo reconocer a Villanueva, si este frecuentaba a Luján, que vivía a una cuadra de su casa? Apenas lo identificó cuando le mostraron en la Policía de Investigaciones del Perú el álbum de delincuentes.

¿Por qué la Policía no investigó de dónde salió la moneda de plata y por qué no constó en autos la existencia de esta?

¿Por qué razón el abogado Carlos Enrique Melgar no indagó más sobre el crimen y los presuntos autores y potenciales testigos? ¿Por qué no solicitó que se sometiera a peritaje psiquiátrico a Villanueva y al melcochero Salazar para evidenciar posibles rasgos patológicos o temor a decir la verdad?

Muchos de los amigos de la calle Miraflores fuimos testigos de los hechos por transmisión oral. Los diarios nos resultaban ajenos en aquella época. Cuando llegamos a ser jóvenes, recordamos lo acontecido y, luego de indagar qué pasó después de muerto Villanueva, nos enteramos de lo que pudo haber sucedido en realidad:

El escenario es el mismo, pero resulta que el enfermo mental que vivía en la calle Miraflores, cuya ventana daba a la vereda donde jugábamos, escapó de su casa después de forzar la caja donde su madre guardaba monedas antiguas de plata.

Salió y se desplazó por la calle Huáscar y llegó al jirón Atahualpa. Tomó al niño de la mano y lo condujo a la avenida Miguel Grau y, mientras caminaba por la vereda que daba a la laguna de Barranco (centro de esparcimiento) y al zoológico, se cruzó con el melcochero Salazar y procedió a comprar el dulce que le dio al niño Julito, quien —presumo— lloraba. Como el niño no callaba, terminó desquiciando al enfermo mental, que llevó al menor al cañaveral de la bajada de Armendáriz y procedió a ultimarlo con una piedra en la cabeza.

Cuando el enfermo mental retornó a su vivienda, su madre notó que se encontraba ensangrentado, pero no sabía lo que había sucedido. Solo se enteró al día siguiente y sospechó que su hijo podía haber cometido el crimen. Los familiares de la señora se contactaron con el melcochero y se enteraron de la existencia de la moneda de plata. La madre confirmó que su hijo había cometido el asesinato. Procedió a llamar a sus hijos, que residían en el extranjero, y ellos gestionaron sacar del país a su hermano y mudar a su madre a otro lugar. Contrataron abogados de prestigio, quienes tramaron la estrategia para desvirtuar cualquier sospecha sobre el verdadero criminal.

Sospechosamente apareció Carlos Enrique Melgar como abogado de Jorge Villanueva Torres, para asesorarlo gratis.

Más pudo el temor a la vergüenza y el desprestigio de una familia adinerada que reconocer la verdad, lo que habría salvado la vida de Villanueva. Su hermano habría quedado indultado por ser un enfermo mental inimputable. Así es cuando no se tiene escrúpulos; pero la verdadera justicia es la divina.

¿Quién asumió el costo de la contratación del abogado defensor Carlos Enrique Melgar, el mismo que no ejerció realmente su papel? ¿Para quién trabajó? ¿Cuánto le pagaron por perder?

Carlos Enrique Melgar, por coincidencia, más tarde también defendería a María Eugenia Sessarego, secretaria de Luis Banchero Rossi, a quien se le acusó en 1972 de instigar a Juan Vilca, el jardinero de un metro cincuenta y cuarenta kilos, para que maniatara y asesinara con puñaladas al mencionado empresario de cuarenta y dos años atravesándole el tórax. Algo inverosímil, si tenemos en cuenta que Banchero pesaba ochenta kilos y tenía una estatura de un metro ochenta y siete. ¿Pudo este solo individuo perpetrar dicho asesinato? La verdad es que se protegió a una mafia extranjera que cometió el mencionado crimen a través de dólares y amenazas de muerte a los implicados. La pregunta vuelve a surgir: ¿cuánto le pagaron a Carlos Enrique Melgar por aceptar esta tesis y perder el juicio como abogado defensor de la señora Sessarego, que fue indultada cinco años después y se mudó a Estados Unidos a vivir con sus hijos? ¿Con qué criterio de conciencia juzgaron los jueces ante un hecho que no corresponde con el sentido común y la lógica?

El melcochero Salazar, quien no tuvo el valor de confrontarse cara a cara con Villanueva antes de su fusilamiento, terminó adquiriendo la casa donde este residía. ¿De dónde salió el dinero para esa adquisición? ¿De vender melcochas? Más tarde, su casa se incendió, se le murió la hija y su sobrino fue atropellado por un bus y falleció al instante. Al final, el melcochero terminó enloqueciendo por el peso de su conciencia y murió en el Hospital Larco Herrera.

Carlos Enrique Melgar, exsenador ayacuchano, fue un personaje empecinado en dominar el juicio mediático. Melgar protagonizó todos los casos más sonados en la primera mitad del siglo XX. Defendió a Luis D'Unián Dulanto, alias Tatán, el delincuente más famoso de los años 1950-1960; a Ingrid Schwend; al psiquiatra Segisfredo Luza; a Jorge Villanueva Torres, el Monstruo de Armendáriz, y a su sobrina, Eugenia Sessarego.

Reflexiones

Esta es la versión real de los hechos, desde mi visión y experiencia. No soy investigador y, a estas alturas, ya no existen indicios valorables, por lo que les doy la razón si dudan de lo narrado. Sin embargo, ha sido el propio magistrado de la Corte Suprema quien admitió, después de sesenta años, que la justicia condenó a la pena capital a un inocente.

El abogado penalista Percy Revilla explicó que:

> Se trataría de una demanda póstuma. La Corte Suprema debe recibir una demanda a nombre de un descendiente de Villanueva, aunque puede también un fiscal presentar la acción. Luego, se convoca una vista de causa, donde se puede declarar absuelto al condenado. Esto se llama rehabilitación.

En este caso, de aprobarse el pedido, los jueces deben fijar un monto de indemnización a los familiares por daño a la vida y daño moral. Sin embargo, para que la rehabilitación proceda, deben cumplirse ciertos requisitos establecidos por el artículo 361 del CPP. Para el abogado penalista Carlos Caro Coria, todo el procedimiento resulta muy improbable.

Conozco los males del sistema judicial desde mi niñez y lo que he experimentado en mi adolescencia y adultez. Después de transcurridos treinta y nueve años de lo traumático que significó la muerte de Villanueva Torres, ya como profesional, recibí el encargo de participar en la reforma del Poder Judicial, asumiendo el cargo de gerente general (1996) de esa institución. Fui testigo de excepción, una vez más, de la corrupción existente en todos sus niveles, el jurisdiccional y el administrativo. A los seis meses, renuncié por la intromisión política de un alto asesor del presidente de la República, quien quería la reforma como pretexto para manejar el Poder Judicial y no para mejorar la gestión administrativa y jurisdiccional.

Un mes después (julio de 1996), me encargaron la reforma del Ministerio Público y asumí el cargo de secretario ejecutivo, donde me enfrenté a la más poderosa fiscal suprema que haya tenido esa entidad. Denuncié los actos de corrupción públicamente ante la prensa y, en menos de treinta días, fui destituido por la Junta de Fiscales Supremos. Hoy, el asesor está condenado y preso en la Base Naval del Callao y la exfiscal de la nación fue encarcelada varios años y ahora se encuentra recluida en su domicilio, dada su avanzada edad. Los otros dos fiscales supremos que me destituyeron murieron a los pocos años de que cayera el gobierno de Alberto Fujimori (2000).

¿Por qué razón un asesor del presidente también intervino en la reforma del Ministerio Público? La respuesta es sencilla: se investigaba el contrabando de droga en el avión presidencial y en los buques de la Marina de Guerra. La exfiscal de la nación digitaba a los fiscales de esos casos, a quienes tenía chantajeados con denuncias penales por corrupción. No los denunciaba mientras eran útiles para tapar la corrupción.

El sistema carcelario en el Perú

Antecedentes

En sus orígenes, las penas que se imponían a los delincuentes eran una forma de venganza: «violencia por violencia», «ojo por ojo», «diente por diente». Era una medida cruel y muchas veces desproporcionada que terminaba con la muerte. En una segunda etapa, apareció la pena divina, es decir, la connotación religiosa que se le da al delito. Se considera este como una ofensa a los dioses y se hace necesario sacrificar al delincuente para aplacar la ira de Dios. Aquí aparece la cárcel como un lugar de reclusión transitoria y de resguardo para evitar la fuga del reo, mientras se esperaba la fecha de su ejecución.

En China y Egipto se aplicó este último sistema. Además, se sometía al reo a torturas y trabajos forzados hasta la llegada de su pena de muerte. No se conceptuaba la cárcel igual que hoy, como centros de reclusión permanente o por un periodo determinado.

En el Perú, durante el periodo incaico, no existió el menor sentido humanitario de las penas; en los centros de reclusión incaicos imperaba el maltrato físico y moral hasta la muerte. Se castigaba sobre todo a los ladrones, mentirosos y ociosos.

En el periodo colonial del Perú, aparecieron los vestigios de un nuevo derecho especial: el derecho indiano, que es el conjunto de disposiciones legales que emanaron de los virreyes, quienes pretendieron regular con normalidad las relaciones económicas y sociales de criollos, mestizos e indígenas. Imperó el concepto de defensa social, interpretado como el derecho de castigar para salvaguardar el orden y la tranquilidad pública. Las cárceles eran centros de tortura a los delincuentes.

Durante la República, el sistema carcelario en el Perú fue pasando por diferentes etapas, entre las que se encuentran las siguientes enmiendas:

- Emisión del Decreto Supremo del 4 de octubre de 1832, en el que se dispuso la eliminación del pago por el derecho de carcelaje que estaba vigente desde la Colonia. En su reemplazo, se dictaminó la manutención de los internos por las municipalidades.
- Se dictó un Reglamento de Prisiones el 1 de julio de 1850, pero solo referido a la prisión del Cusco. Este reglamento contenía un tratamiento más sistemático de la problemática penitenciaria, por cuanto tomaba en cuenta, por ejemplo, el trabajo de los internos con carácter obligatorio como medio de rehabilitación, el tratamiento de los menores que hayan delinquido, los internos mayores de sesenta años y los enfermos, así como la clasificación de los internos.

Así se llegó al actual sistema penitenciario peruano, que es rectorado por el INPE desde 1985, a partir del Decreto Legislativo Nro. 330.

Según su Reglamento de Organización y Funciones, el INPE es un organismo público descentralizado del sector Justicia, con personería jurídica de derecho público, que tiene por misión dirigir y controlar técnica y administrativamente el sistema penitenciario nacional, asegurando una adecuada política penitenciaria que favorezca:

- La reeducación, rehabilitación y reincorporación del interno a la sociedad.
- El establecimiento y mantenimiento de la infraestructura penitenciaria.

En la actualidad, el INPE tiene como órganos desconcentrados ocho regiones penitenciarias y cuenta con sesenta y ocho establecimientos penitenciarios a nivel nacional.

Sus funciones se disgregan en tres áreas: de administración, tratamiento y seguridad.

Situación delincuencial (cifras referenciales)

La delincuencia y criminalidad en el Perú crece día a día sin que se vislumbre alguna posibilidad de detenerla. Entre 1996 y 2023, la población penal ha crecido de 22 638 a 121 764; es decir, en veintisiete años, se ha elevado 538 %. De estos últimos, 93 800 se encuentran en prisión y 27 964 en situación de semilibertad. De los reos en cárcel, el 95 % son hombres y el 5 % mujeres.

De los 93 800, están sentenciados el 66,27 % y procesados el 33,73 %. Entonces, un tercio de la población penal en cárcel aún no tiene sentencia y así se encuentran varios años. En ocasiones, llegan a sobrepasar la pena máxima pronosticada y puede darse el caso de que resulten inocentes sin que nadie los indemnice, lo que configura un hecho atentatorio contra los derechos humanos.

Solo existen 479 talleres en los establecimientos penales; es decir, siete talleres por penal. Según algunos tratadistas, se requerirán veinte penales de 2500 reos cada uno. La construcción de cada uno demoraría de tres a cinco años, con una inversión de 6 400 000 000 soles.

El 80 % de los encarcelados (75 040) tienen entre veinte y cuarenta y cuatro años; se trata de personas en edad productiva. A estos jóvenes el Estado los mantiene con nuestros impuestos, dándoles alojamiento, comida y medicina gratis; sin embargo, a diario mueren de hambre muchísimos niños entre cero y cinco años. ¡Increíble, pero cierto!

Del total de encarcelados, 24 873 han cometido robo agravado, 10 254 han violado menores de edad, 7799 han traficado con droga y 7987 han cometido tentativa de robo agravado. El 54,28 % de la población penal se distribuye entre estos cuatro principales delitos. Si continuamos a este ritmo de crecimiento, se estima que para el 2035 la población penal alcanzará los 222 487 internos.

En el récord de los principales delitos cometidos por estos reos figura, en primer lugar, el robo agravado (26,4 %); le sigue la violación de menores (10,9 %), el tráfico de drogas (8,1 %) y la tentativa de robo agravado (5,11 %).

El INPE no justifica su existencia, al estar por los resultados durante los treinta y ocho años de vigencia. De los estudios y tratados publicados en extenso, se resume la problemática carcelaria en tres causales:

Hacinamiento

El hacinamiento es una forma de trato cruel, inhumano y degradante que violenta los derechos humanos. Existen más de sesenta y ocho establecimientos carcelarios y todos tienen exceso de internos. Se estima que para el año 2035, el hacinamiento aumentará en 282 %.

La solución no está en construir más cárceles pequeñas o medianas, sino en una mejor planificación, organización, distribución y seguridad penal, así como en utilizar de forma eficiente la vigilancia electrónica y la conversión de penas para delincuentes primarios. ¿Cómo es posible que a los deudores alimentarios los encarcelen por no cumplir con su obligación? ¿De dónde van a obtener recursos si están presos? La solución es obligarles a realizar trabajos productivos en los establecimientos penales y que paguen la pensión alimenticia con esos ingresos.

El hacinamiento genera violencia cotidiana, problemas psicológicos y emocionales; limita el acceso a las áreas de trabajo y educación; afecta la rehabilitación social y la salud física y psíquica. En prisión cohabitan heterosexuales, homosexuales, enfermos, ancianos, orates, discapacitados y niños en las cárceles de mujeres.

Doce cárceles peruanas tienen un hacinamiento del 300 %. En otras cuatro, llega al 400 %, y en el penal del Callao alcanza el 509 % (al mes de abril de 2024).

Uso excesivo de prisión preventiva

El sistema judicial está abusando de la prisión preventiva, en contraposición al principio de que una persona es inocente mientras no se demuestre lo contrario y no sea sentenciada; sin embargo, prepotentemente se manda a prisión preventiva a los investigados por el lapso de noventa, dieciocho o treinta y seis meses, sin que los fiscales tengan la capacidad suficiente para acusar en un tiempo razonable. Por otro lado, se dilatan los procesos judiciales con reos en cárcel. ¿Quién indemniza a un reo inocente tras una reclusión injusta? ¡Nadie!

¿Por qué los justiciables tienen que cubrir con prisión preventiva la incapacidad de fiscales y jueces para administrar justicia de forma oportuna? Lo que hace falta es la seguridad preventiva. Corresponde a la Policía Nacional y a la Dirección de Migraciones efectuar el seguimiento y evitar la evasión o fuga de los imputados o investigados. La fiscalía y los jueces son responsables de llevar a cabo los allanamientos de manera oportuna, a fin de encontrar y poner a buen recaudo las pruebas o medios probatorios. Por lo tanto, es absurdo disponer la prisión preventiva por la incapacidad de los propios administradores de justicia.

El 28 de noviembre de 2024 se publicó en el diario Expreso lo siguiente: «El abuso de la prisión preventiva en el Perú es innegable y Richard Concepción Carhuancho es su principal exponente», afirmó el abogado Luis Pacheco Mandujano. «La lentitud y el mal uso de la prisión preventiva facilitaron la fuga de Nicanor Boluarte», señaló el jurista al criticar la justicia peruana.

> Con medidas menos invasivas, como impedimentos de salida o cauciones, se pudo evitar la fuga de Nicanor Boluarte. Dina Boluarte es un cadáver político que no ata ni desata; la administración de justicia agrava su situación. La prisión preventiva debería ser la excepción, no la regla. En el Perú se ha convertido en una herramienta abusiva y arbitraria.

Corrupción

La corrupción es un sistema enquistado en todos los niveles de los organismos vinculados a la administración de justicia en el que gran parte de las autoridades participan en el reparto de coimas para hacer o dejar de hacer. Cuando una persona es detenida, la Policía Nacional le pide «arreglar» antes de que llegue el fiscal, «si no, le va a salir más caro». Lo mismo hace el fiscal cuando ponen a su disposición a un justiciable y se repite la situación en el juzgado de primera instancia, en la corte superior y en la suprema. Ni qué decir del INPE, donde piden coimas a los reos y a sus familiares por todo concepto. El sistema judicial, desde la Policía Nacional hasta el INPE, está lleno de corruptos. Dentro de las cárceles también existe una cadena de corrupción, en la que el «caporal» (interno con poder) explota y esclaviza a los demás reos bajo la ley de la selva, ante la mirada pasiva de los miembros del INPE y de los alcaides. En este país, todos los que tienen algo de autoridad tienden a corromperse.

Las cárceles son centros donde encierran a los reos para que se rediman y se reincorporen a la sociedad una vez cumplida su pena. Pero eso es pura teoría, ya que las cárceles son centros de capacitación delincuencial. Allí los reos se gradúan con diplomados y maestrías.

Las mujeres internas en penales no cuentan con las mismas oportunidades incipientes de trabajo y educación que los varones, lo que limita sus opciones de trabajar y estudiar durante su reclusión. La mayoría de las mujeres privadas de libertad no gozan del beneficio penitenciario de la visita íntima. No existen políticas de enfoque en la niñez que acompaña a sus madres reclusas. La inseguridad prevalece, alentada por la corrupción del escaso personal del INPE, la falta de equipos bloqueadores de celulares, alarmas y controles.

En el INPE laboraban setenta médicos para un total de 93 800 reos. Lima concentra cuarenta y un médicos (58,57 %). Estas cifras no varían desde hace dieciséis años, lo que hace terrible la situación de la salud en los penales. La región San Martín es la más crítica, ya que labora un solo médico para los nueve penales que componen esta región. Un interno, en promedio, tiene que esperar seis meses para tener una cita médica. Se trafica con la salud y las medicinas, todo cuesta y por todo se paga un cupo.

El INPE ha contado en el año 2024 con un presupuesto anual modificado ascendente de alrededor de 933 000 000,00 soles y 37 500 trabajadores en su Cuadro para Asignación de Personal. Es decir, se tiene dos presos y medio por cada trabajador asalariado, lo que resulta del todo desproporcionado a la luz de los resultados.

Si dividimos el total del presupuesto del INPE entre el número de la población penal, considerando solo a los reos en cárcel (93 800), cada reo nos cuesta 9950 soles anuales; 829,16 mensuales o 27,64 soles diarios. Esto gasta inútilmente el Perú para tratar de redimir y resocializar a los delincuentes.

La misión del INPE nunca se cumplirá si se continúa trabajando en las condiciones antes expuestas, donde el hacinamiento, las prisiones preventivas exageradas y la falta de una política penitenciaria de largo plazo no contribuyen a mejorar su gestión.

El INPE es el último eslabón del sistema judicial en el Perú y es igual de corrupto e incompetente; pero no por sí mismo, sino porque la cadena arrastra hasta esta institución la deficiente e igual corrupta gestión de la PNP, el Ministerio Público y el Poder Judicial.

Las cárceles están hacinadas por el pésimo contenido del Código Penal y del Código de Procedimientos Penales, que permiten dilatar los procesos de investigación a cargo del Ministerio Público y los procesos judiciales engorrosos que incrementan exponencialmente la carga de los juzgados y cortes del Poder Judicial. Es más fácil condenar a cuatro años de prisión a un ratero que roba un celular de mil soles que procesar al dueño de la mayor empresa constructora del país, que estafó al Estado por quinientos millones de soles.

¿Cómo es posible que a un expresidente de la República corrupto no se le acuse después de cuatro años de investigación? ¿Cómo puede aceptarse que el 34 % de la población penal no tenga sentencia?

Las cárceles en el Perú no son centros de resocialización de los delincuentes, porque no están dadas las condiciones para la adecuada clasificación de los reos. Todos están juntos y apretados. Se mezclan los asesinos de alta peligrosidad con los pájaros fruteros; ancianos y homosexuales; enfermos con sida, tuberculosos y con enfermedades terminales. Es tan injusto el sistema que una exautoridad procesada y confesa, con detención preventiva, tiene arresto domiciliario por correr el riesgo de infectarse de COVID-19, cuando en las cárceles se mueren a diario ancianos enfermos y desahuciados. Claro, estos últimos no tienen nombre y apellido conocidos.

Las cárceles denigran la condición humana, a lo que se suma la corrupción de los agentes penitenciarios. Los reos están ociosos durante su reclusión, salvo algunas iniciativas de los propios sentenciados que fungen de artesanos, elaborando muebles, alimentos y otros bienes para ganar algo por su venta, pero nada organizado.

El INPE desarrolla ciertas actividades de entretenimiento, como campeonatos de fulbito, concursos de canto y música y boxeo, entre otros, pero que no están contenidas en un plan para redimir a los delincuentes. No tiene psicólogos, sociólogos ni especialistas que participen en un análisis multidisciplinario para acometer frontalmente la organización y administración técnica y científica del sistema penitenciario.

Algunos planteamientos al respecto

Mientras tanto, ¿qué hacemos y por dónde empezar?

La delincuencia crece a diario y se incrementa por la desocupación producida por la pandemia, la pérdida de poder adquisitivo que genera más pobreza en el sector informal de la economía y la migración de venezolanos y otros extranjeros que huyen del hambre que atraviesan sus países de origen. Tanto Venezuela como Cuba han utilizado la misma estrategia para desprenderse de los delincuentes que se encontraban presos: abrieron las cárceles y soltaron a sus asesinos, ladrones y pandilleros avezados con la condición de que invadieran de preferencia Colombia, Ecuador y Perú. En Chile no ingresaron muchos porque cerraron de manera oportuna su frontera.

A fin de plantear algunas ideas para la solución o mitigación de la problemática penitenciaria en el Perú, voy a prescindir de las teorías de complot internacional, la prevalencia del nuevo orden mundial, el manejo del virus COVID-19, la intención de vacunar a la población del mundo, etc. Solo voy a plantear lo que, desde mi punto de vista, es realizable.

Se trata de habilitar de manera inmediata y con elementos de seguridad suficientes varios centros de reclusión en las zonas desérticas camino al norte (por ejemplo, después de Pasamayo) para delincuentes asaltantes, asesinos, sicarios y detenidos en flagrancia. Las instalaciones se construirían rápidamente, tomando como referencia los hospitales de emergencia fabricados durante la pandemia de COVID-19. Si se pierden 26 000 000 0000 de soles al año por efecto de la corrupción, ¿me dirán que no es posible construir estos centros? Los chinos levantan edificios en una semana, por lo que, de ser necesario, es posible contratarlos a ellos, que son expertos.

Otra alternativa es rehabilitar como prisiones El Frontón y la isla de San Lorenzo. También existen estadios en situación de abandono y otros terrenos amplios de propiedad del Estado. La seguridad externa de estas instalaciones estaría a cargo de las Fuerzas Armadas, con sistemas de alarma y medios de reacción rápida ante intentos de fuga. Estos centros de emergencia, con las suficientes medidas de seguridad interna y externa, podrían albergar a 20 000 detenidos cada uno y operarían mientras se construyen las megacárceles. Para que esta propuesta se implemente, solo se requiere decisión política. Bastaría con el anuncio para que se frene el vandalismo, el crimen y la extorsión.

Se proseguiría a disponer la urgente construcción de seis megacárceles: dos en cada región natural (costa, sierra y selva). Esta infraestructura tendría como característica contar con centros de trabajo productivo (fábricas y factorías) en función de las características de cada zona, lo que le daría valor agregado a los productos naturales que se explotan o producen. Es decir, en la costa, este centro contaría con instalaciones para fabricar conservas de pescado, de frutas y alimentos para la exportación y abastecimiento de la región y del país.

Lo mismo sería en la sierra, donde los trabajos a realizar se relacionarían con la explotación de productos mineros y metalúrgicos. En la selva, imperaría la producción de frutas, pescado, licores y medicamentos naturales, así como trabajos de carpintería de madera. Lógicamente, la construcción de estas megacárceles se realizaría con inversión pública y privada, para luego entregar en concesión la instalación de equipos y maquinarias, además de su administración y mantenimiento. Otra concesión sería la seguridad interna de cada megacárcel.

Es de suponer que este planteamiento merecería un estudio detenido antes de diseñar los perfiles del proyecto y su localización adecuada. El resguardo perimetral de las megacárceles tendría que estar a cargo de las Fuerzas Armadas o de una policía especial, como lo fue la Guardia Republicana hasta los años ochenta del siglo pasado.

A estas megacárceles irían los delincuentes detenidos en flagrancia, asesinos, sicarios y violadores sexuales en general, así como los que reincidan en cualquier delito. Estos deben ser ubicados en áreas diferentes, según la calificación efectuada por psicólogos y sociólogos, para evitar la mayor contaminación carcelaria. Los reos tienen que ser evaluados antes de ingresar a trabajar en las factorías y plantas concesionadas. Todos tendrían un salario justo, el mismo que se depositaría en cuentas individuales para ser retirado por su familia o servirles como ahorro para cuando sean liberados. De este ingreso, la empresa le descontaría al reo (trabajador) su alimentación.

Las megacárceles deberán contar con centros de capacitación, gimnasios, pequeños hospitales, auditorios, centros de deportes y celdas simples pero seguras, y en cantidad suficiente para la población penal, así como espacio para el aterrizaje de helicópteros y avionetas para emergencias. Las instalaciones serán de alta seguridad, equipadas con tecnología de punta. Toda la población penal tendrá un trabajo adecuado a su condición física, mental y capacidad de resocialización. ¡El trabajo dignifica al hombre!

Los actuales centros penitenciarios a nivel nacional se reducirían a lo mínimo y se adecuarían como centros de rehabilitación para los delincuentes primarios, siempre que no resulten peligrosos para el resto de los reos. Desde luego, también desaparecería el INPE y en su lugar se mantendría un colegiado que supervise las concesiones otorgadas para la operatividad y seguridad de las megacárceles y aplique las sanciones que correspondan a las mismas. Este consejo dependerá del Ministerio de Justicia.

Las ventajas de esta propuesta son múltiples. En primer lugar, dejando el manejo de las megacárceles a privados, el Estado no gastaría el erario en mantener presos, con lo que se eliminaría o reduciría de manera significativa la corrupción, pues se supervisaría mejor a un tercero concesionario que al INPE a sí mismo, como es en la actualidad. Segundo, se brindarían mejores condiciones carcelarias, ya que los reos trabajarían, percibirían una remuneración mínima y solo pagarían sus alimentos. Tercero, se reduciría la criminalidad, porque los delincuentes estarían obligados a ocupar su tiempo en actividades útiles para su resocialización. Cuarto, las visitas se reducirían al mínimo, dada la localización de las megacárceles, alejadas de las ciudades. Por último, desaparecería el hacinamiento, porque de los 93 800 reos actuales, el 80 % están entre los veinte y cuarenta y cuatro años, es decir, con capacidad potencial para producir. Distribuyéndolos en seis megacárceles, resulta más manejable. Cada megacárcel podría tener un promedio de 15 634 hombres laborando.

También se precisaría definir la política de extradición de indocumentados que no se encuentren laborando o aportando a la economía del país o promover la rápida regularización de su condición migratoria.

Asimismo, actualizar el Código Penal y el Código de Procedimientos Penales, con la finalidad de estandarizar las penas con los diferentes delitos y faltas para hacer más justas las sanciones; más expeditivos los procesos; reducir las cargas procesales, delegando a los Juzgados de Paz procesos simples de carácter comercial y de familia, e incentivar la vía de la conciliación para los procesos civiles y contenciosos administrativos.

Por cierto, para llevar a cabo esta idea, se requiere vocación política y decisión por parte de las autoridades estatales para:

- Definir una política carcelaria de largo plazo.
- Adecuar el Código Penal y el Código de Procedimientos Penales a los propósitos de una rápida y honesta administración de justicia.
- Evitar tratar al reo con métodos denigrantes y atentatorios contra los derechos humanos. Una recta y estricta administración de las cárceles no significa abusar del ser humano.
- Difundir en las escuelas y colegios los principios básicos de derecho, adecuándolos al currículo escolar, a fin de concientizar a los peruanos en el conocimiento y cumplimiento de las leyes desde la niñez.

En fin, no pretendo desarrollar todo el tema, sino sustentar estas ideas que, desde mi punto de vista, son realizables. El país ha invertido mucho para que termine enriqueciendo a los políticos y empresarios corruptos por miles de millones de dólares.

La construcción e implementación de estas megacárceles resultaría, en términos coloquiales, una bicoca frente a los miles de millones que se pierden anualmente por la corrupción en el Perú. Las cárceles factorías serían construidas por el Estado y las locaciones se concederían a las empresas postoras que ofrezcan más beneficios en la instalación de equipos y producción de bienes, en brindar la seguridad perimetral e interna, en servicios de salud para los reos y en educación y capacitación para la producción, entre otros.

Recordemos que los delincuentes a lo que más temen es a trabajar. Ya los incas lo sabían cuando castigaban al ocioso (*ama quella*), al mentiroso (*ama llulla*) y al ladrón (*ama sua*).

En el diario *Expreso*, de fecha 7 de julio de 2024, se publicó la opinión de José Ignacio Carrión Richardson respecto a la privatización del sistema penitenciario del Perú. Este periodista dijo lo siguiente:

> El sistema penitenciario en nuestro país es costoso e ineficiente. Si las cárceles peruanas por lo menos fueran eficientes, el alto costo podría ser aceptable. Pero no es así. Para nadie es un secreto la precariedad de nuestras cárceles. La superpoblación penal crea hacinamiento, y esto hace que el solo hecho de albergar a los prisioneros en una cárcel sea todo un desafío. Y si el fin último de la pena es la resocialización del preso, sin programas de rehabilitación eficaces eso no es posible. La reforma carcelaria es una prioridad.
>
> De hecho, se deberían privatizar las prisiones tanto para reducir los costos como para mejorar los programas de rehabilitación. Las experiencias con cárceles privadas en Estados Unidos y en otras partes como Chile son un ejemplo de que pueden ser construidas y operadas a un costo más bajo que las cárceles públicas. Y si bien el privado tendrá que asumir costos como alimentación, servicios higiénicos, entre otros, con una administración eficiente se pueden obtener considerables ganancias. Incluso algunas empresas privadas carcelarias, como la Correction Corporation of America, cotizan en Bolsa.
>
> Las prisiones privadas deberían aspirar a tener más calidad que las públicas y ser más humanas. En Brasil, por ejemplo, según la Ley de Ejecuciones Penales, todos los presos deben trabajar; no es una opción, sino una obligación. El ocio permanente en un ambiente de promiscuidad tendrá siempre consecuencias negativas. Que los presos trabajen y sean remunerados por su trabajo, que asistan a talleres culturales y que practiquen deportes para favorecer su reintegración social y

permitir su equilibrio psicológico, requiere de una gestión eficiente, una capacidad gerencial que el Estado ha demostrado no tener.

Si el Estado no hace nada para combatir la delincuencia, pone en evidencia que es parte de la política de las extremas izquierda y derecha del mundo: «¡Mantengan el terrorismo, la ignorancia, la delincuencia y la pobreza para someter a los pueblos!»

La confesión de parte relevo de prueba

Es muy difícil encontrar en algún medio periodístico una declaración sobre la verdad de lo que acontece en las cárceles peruanas emitida por un convicto o exconvicto, por su natural temor a represalias, salvo una persona que ya no le tema al sistema judicial corrupto. Esta excepción es el caso de Antauro Humala Tasso, quien lideró una rebelión en la ciudad de Andahuaylas, situada en el departamento de Apurímac, en la sierra. En ese acontecimiento, su grupo asaltó una comisaría y mató a cuatro policías, y por ello fue condenado.

Todos sabemos que la corrupción del INPE es generalizada. El diagnóstico es simple: dele poder a un inmoral y automáticamente se genera la corrupción. De nada valen las rejas, los alambrados eléctricos, los sensores de movimiento, las alarmas y otros artilugios, si no erradicamos la inmoralidad de los custodios. En el INPE todo se compra, todo se vende, todo se permite. Si lo digo yo o un periodista, nuestra palabra es de connotación relativa; pero si lo dice un testigo de excepción, un exconvicto que vivió dicha realidad, la cosa es diferente.

El martes 9 de abril de 2024, en la página política del diario *Expreso*, se dice lo siguiente: «Condenado por el Andahuaylazo se jactó de haber dado dinero a funcionarios durante su condena en penal Ancón II a cambio de facilidades». El líder etnocacerista y condenado por el asesinato de policías Antauro Humala reveló durante una entrevista que no pasó sobresaltos durante sus años de internamiento en las instalaciones del penal Ancón II, pues recurrió a artimañas como el soborno a agentes de seguridad del INPE para gozar de algunas facilidades.

—Así es la cárcel, te torturan diariamente. Aguanten, como yo aguanté a pie firme, con la mente y moral en alto y con la lucidez mental de siempre —indicó—. Con todas las dificultades que nos ponía el INPE, sacábamos nuestros periódicos, sorteábamos a los carceleros. Pedro Castillo se enoja porque no lo dejan llamar por teléfono (...) sobórnate a un (agente) INPE, cómprate un celular, arriésgate. Así yo construí un partido desde la prisión (...) Eso es la cárcel, yo le he parado la cara —agregó Humala.

El diario *Perú 21* publicó el 12 de octubre de 2024 lo siguiente: «Antauro es un desquiciado». «Anuncia que violará la ley con fusilamientos y expropiaciones».

Antauro Humala, delincuente convicto y confeso, purgó dos tercios de su condena y salió libre luego de un informe sesgado a su favor por el INPE. Lo dice él mismo y lo pregona. Es el fundador de un partido político de extrema izquierda que amenaza con matar a los corruptos y expresidentes que han delinquido. El Jurado Nacional de Elecciones originalmente registró y legitimó a ese partido, pese a que hace apología del movimiento terrorista Sendero Luminoso. Está inhabilitado para postular, pero en el sistema electoral puede pasar de todo, inclusive que este asesino llegue a senador de la República por otros medios, ya que no podrá acceder a la presidencia del país por inhabilitación de su organización política.

¡Guerra avisada no mata gente!

Opinión sobre la presunción de inocencia en el Perú

Según lo establecido en el Código Penal peruano, toda persona tiene derecho a la libertad y a la seguridad personal. En consecuencia, es considerada inocente mientras no se haya declarado en el ámbito judicial su responsabilidad. La lógica nos dice que «de la aplicación de las normas contenidas en dicho código, del análisis de las pruebas y la adopción de una sentencia racional y objetiva, se obtendrá una decisión judicial debidamente motivada y acorde con la posición garantista del proceso penal».

Por dichas razones, la presunción de inocencia es uno de los derechos fundamentales que limita la potestad punitiva del Estado, tanto en su vertiente en el derecho penal como en el derecho administrativo sancionador. Dada la incapacidad del sistema judicial para administrar justicia de forma rápida y oportuna, a lo que se suma la alta carga procesal, fiscales y jueces han sido facultados para utilizar dos normas cuestionables que atentan contra la presunción de inocencia, con la intención de cubrirse ante eventuales acusaciones por retardo en los procesos penales: a) la prisión preventiva y b) la discrecionalidad para calificar como organización criminal a grupos de acusados por presunta comisión de delitos en procesos de relativa complejidad. Por ejemplo, a un expresidente de la República se le acusa de liderar una organización criminal integrada por su chofer y su ama de llaves. ¡Cierto, aunque parezca cómico!

En el primer caso, el abuso de la prisión preventiva está sirviendo para coaccionar a presuntos implicados en la comisión de delitos, a fin de que brinden información como colaboradores eficaces o delatores, a cambio de la rebaja de la potencial pena de cárcel o darles semilibertad. La prisión preventiva es inconstitucional, tal y como la vienen aplicando fiscales y jueces. Todos son inocentes hasta que no se emita una sentencia motivada y se haya otorgado a los procesados las garantías del debido proceso en todas las instancias.

No tienen justificación alguna los casos en que los fiscales soliciten prisión preventiva por el solo hecho de temer que el presunto delincuente o acusado se fugue u obstaculice la administración de justicia. Las deficiencias del sistema judicial (Ministerio Público, Poder Judicial, Ministerio de Justicia, Policía Nacional, INPE, Migraciones) no pueden cubrirse con arbitrariedades que contravienen la Carta Magna. No acusar a tiempo o dejar prescribir los casos debería ser materia de sanción a fiscales y jueces. Los detenidos con prisión preventiva que resulten inocentes tienen que ser indemnizados por el Estado y redimidos. Además, debe sancionarse a los jueces penalmente por abuso de autoridad.

El sistema judicial demanda ingentes recursos, con miles de policías, fiscales y jueces. Son millones de soles asignados en el presupuesto de la República para que administren justicia. Sin embargo, un tercio de los encarcelados no tienen sentencia y el hacinamiento es escandaloso en los centros penitenciarios. La prisión preventiva tiene que ser la excepción y aplicable solo a casos de comisión de delitos en flagrancia, así como violación de menores y asesinatos.

Antes de concluir esta parte, considero importante transcribir lo que hizo público el diario *Expreso*. El 13 de mayo de 2024, el periodista Luis García Miró dijo:

> Próximos a convertirnos en país prisión (...) El nivel de podredumbre existente en el Ministerio Público del Perú es de vértigo. Es inaceptable que la única institución estatal, constitucionalmente habilitada para imputar como delincuente a cualquier ciudadano ante

> los tribunales de justicia, se encuentre precisamente en manos de unos delincuentes de cuello y corbata. Esto, amable lector, constituye un crimen que ningún ciudadano puede, ni debe —ni quiere— permitir que permanezca impune un minuto más.

El 21 de mayo de 2024, resumiendo la entrevista efectuada al doctor Aníbal Quiroga, experimentado abogado penalista, este manifestó lo siguiente: «Se detiene a personas para que se acojan a la colaboración eficaz». El mismo diario comenta: «Constitucionalista advierte sobre el mal uso que se le está dando a la detención preliminar, medida que, según dijo, debería ser solicitada y aprobada de manera muy excepcional».

Publicaciones en medios sobre la situación del sistema de administración de justicia en el Perú

El 8 de julio de 2024, el diario *Expreso* reprodujo las declaraciones de la exprocuradora y excongresista Jeny Vilcatoma, quien reveló la crisis en el sistema judicial peruano. Estas declaraciones son: «Reina la impunidad y la corrupción desenfrenada», «La Junta Nacional de Justicia (JNJ) no ofrece garantías», «Excongresista denuncia irregularidades en el proceso de selección de jueces y fiscales», «Acusaciones de politización: el Ministerio Público y el Poder Judicial están instrumentalizados para fines políticos y económicos», «Jorge Barata manipuló el sistema judicial peruano para evadir sanciones y seguir operando impunemente», «La corrupción sistémica, facilitada por funcionarios corruptos, permitió a Barata manejar a su antojo la política nacional».

En ese mismo diario se hace referencia a la infiltración de George Soros, multimillonario filántropo internacional, en las ONG creadas en el Perú, a las que dona dinero para que se politice la justicia del país. Entre las ONG infiltradas se encuentra el Instituto de Defensa Legal (IDL-Reporteros), el cual, durante el año 2023, recibió 190 000 USD de la ONG Open Society Foundations, propiedad de Soros, para que Gustavo Gorriti realizara supuestos trabajos de «periodismo de investigación».

Con fecha de 21 de julio de 2024, el diario *Expreso* publicó la opinión del excongresista Jorge del Castillo con relación a la JNJ y su controversia con el Poder Judicial: «La JNJ es una entidad totalmente sesgada». Del Castillo dijo que la reposición de Aldo Vásquez e Inés Tello es un acto prevaricador de la Segunda Sala Constitucional.

> Es una entidad que no ha cumplido su papel. En estos cuatro meses que le faltan tiene que hacer 750 nombramientos y ratificaciones. Y en los cuatro años y medio de período no ha ratificado ni la mitad de eso y ahora quiere apurar las cosas. Por ejemplo, la reconsideración de la doctora Benavides se ha demorado siete meses y no resuelven; en cambio, la reconsideración del señor Corvetto en la ONPE la resolvieron en una semana. Es una entidad completamente sesgada, no es justa.

El diario *La Razón*, de fecha 7 de agosto de 2024, dijo que el fiscal de la nación busca desestabilizar a todo el país, según lo manifestado por el abogado Humberto Abanto:

> Hay una exhibición obscena de ignorancia insondable por parte del fiscal de la nación, al argumentar que estaríamos en un caso de comisión por omisión en la medida en que supondría que tanto la presidenta de la República como los presidentes del Consejo de Ministros y los ministros de Defensa e Interior son garantes legales de la vida de los manifestantes. En segundo lugar, que la oportunidad en que se lanzó esta denuncia es sospechosamente coincidente con el llamado a un paro nacional y a una serie de movilizaciones contra el gobierno. Eso levanta la seria sospecha de una sincronización dirigida a provocar más indignación ciudadana en las zonas afectadas por la convulsión social en diciembre de 2022 y enero de 2023. En ese sentido, he dicho y me ratifico en que los congresistas de la República deberían considerar seriamente denunciar constitucionalmente al fiscal de la nación,

acusarlo ante el Pleno del Congreso, destituirlo e inhabilitarlo para el caso.

Ante la pregunta sobre a qué se debe la degradación institucional y la politización del Ministerio Público en los últimos años, el entrevistado respondió:

> Esta descomposición institucional no ha comenzado ahora, se está haciendo cada día más evidente, pero si uno recuerda lo que ha ocurrido entre 2018, 2019 y 2020, y piensa en cómo se hicieron las cosas en aquel tiempo, es evidente que no podía esperarse algo mejor del Ministerio Público.

El diario *Expreso* publicó el 9 de agosto de 2024 lo siguiente: «Corrupción en la fiscalía». Afirma que:

> Estamos próximos a cumplir una década desde que arrancó ese carnaval de comedias —convertidas en tragedias— llamado «Caso Lava Jato». Fue inaugurado por el Ministerio Público, cuando reinaba el exfiscal de la nación Pablo Sánchez. Este estuvo envuelto en el escándalo «Cuellos Blancos del Puerto». Y sigue librándose de ser investigado porque, desde entonces, Sánchez hipotecó su voto, endosándoselo a quien le indique la mafia caviar que, desde inicios de este milenio, se ha apoderado de la Fiscalía de la Nación, llevada de la mano por el inefable Gustavo Gorriti.
>
> ¡Hoy día, el Ministerio Público es usado como medio de coerción para controlar a los gobiernos (nacional y regionales) electos por el pueblo! De esa manera, a través de dos peleles —los fiscales José Domingo Pérez y Rafael Vela Barba—, la fiscalía sigue retroalimentando a la camorra caviar; y, en paralelo, defendiendo el

patrimonio de la corrompedora brasileña Odebrecht y de su socia local, Graña y Montero.

Pero existe otro personaje envuelto en la telaraña de Odebrecht y su socia, Graña y Montero. Nos referimos a la actual fiscal suprema y exfiscal de la nación, Zoraida Ávalos, recientemente incursa en una investigación por archivamiento indebido de una deuda por 568 000 000 soles que Odebrecht mantiene con la Sunat. Como señala la información publicada por *Expreso*: «La Autoridad Nacional de Control del Ministerio Público (ANC) incluyó a la fiscal suprema, Zoraida Ávalos, en la investigación por archivamiento de deuda de 568 000 000 soles que la empresa Odebrecht debió pagar a la Superintendencia Nacional de Aduanas y Administración Tributaria (Sunat)».

En esa misma fecha, el mencionado diario publicó:

> Congresistas y excongresistas concordaron en que los fiscales del Equipo Lava Jato, Rafael Vela y José Domingo Pérez, deben rendir cuentas ante la población, el Congreso y la Junta Nacional de Justicia (JNJ), por haber favorecido a representantes de Odebrecht y Jorge Barata, firmándoles un documento donde se comprometía a no acusarlos de ningún delito. Para el parlamentario Alejandro Aguinaga (FP), resulta imposible que un fiscal se familiarice con la numerosa cantidad de documentos sobre este caso de megacorrupción y firme un acuerdo para declarar inocentes a estos delincuentes brasileños. No descartó que Vela Barba haya recibido sobornos para que se concrete este acuerdo fuera de la ley.

El diario *La Razón*, de fecha 25 de agosto de 2024, señala: «Revelan sucias maniobras para tapar cerco judicial contra

Keiko y Alan», «Fiscal Domingo Pérez buscaría silenciar a colaborador eficaz», «Una campaña de amedrentamiento para silenciar al colaborador eficaz Jaime Villanueva en la investigación que se le sigue a los fiscales José Domingo Pérez y Rafael Vela, así como a Gustavo Gorriti, de la ONG IDL». Luis Capuñay, abogado de Jaime Villanueva, aseveró que el cuestionado fiscal José Domingo Pérez, miembro del caso Lava Jato, está buscando que su defendido se «autoincrimine». «Jaime Villanueva, como colaborador eficaz, tiene medidas de protección; él y su familia. Él no puede dar los nombres de sus hijos, de su esposa, menos la dirección y los correos, pero José Domingo Pérez busca esa información», manifestó Capuñay.

Expreso, del 27 de agosto de 2024, señala: «Condenan a fiscal por coima de Orellana». Explica que «Años después de que Marita Barreto y Betsabeth Revilla lo apartaran de las investigaciones, el exfiscal Jorge Enrique Sanz Quiroz fue condenado a cinco años de cárcel por haber recibido 8000 USD del entorno de Rodolfo Orellana Rengifo».

El diario sostiene: «Por dejar libre a delincuentes, destituyen fiscales». Y agrega:

> La Fiscalía de la Nación, a través de la Resolución Nro. 1887-2024-MP-FN, ha destituido a Ana María Altamirano, fiscal de La Esperanza (Trujillo), y hace unos días al fiscal César Cruzado, por acciones indebidas en su función y por dejar en libertad a detenidos.

El diario *Expreso*, de fecha de 28 de agosto de 2024, dice: «Pérez es operador político de una mafia caviar que ha gobernado sin ganar elecciones», «El secretario general de Fuerza Popular manifestó que el caso Cócteles "ha nacido muerto y va a terminar cayéndose"».

En el diario *Expreso*, de fecha 31 de agosto de 2024, se publicó:

A TODO VOLUMEN

ANTONIO RAMÍREZ PANDO

¿Decir la verdad es políticamente incorrecto?

En el Perú existe una separación de poderes. Las instituciones públicas deben mantener correspondencia y articulación para lograr sus metas y objetivos. Esta articulación y permanente coordinación debe realizarse en el marco de la consideración y respeto de sus respectivas funciones y competencias legales. Dentro de las instituciones encargadas de administrar justicia, los aspectos de coordinación y articulación deben ir mucho más allá, pues de este compromiso depende la eficacia o el fracaso de las políticas del Estado Peruano en la lucha frontal contra la delincuencia común y organizada, que cada día arrincona a una población sumida en el temor por la violencia extrema y el uso de armas letales por parte de estas bandas u organizaciones criminales.

Sin embargo, todo el Perú es testigo permanente y habitual del comportamiento antisocial, abusivo, arbitrario y, en ocasiones, evidentemente negligente, por decir lo menos, del Ministerio Público. Bajo el manto de un fracasado código procesal penal, los fiscales vienen cometiendo excesos inaceptables y hasta ilegales, tirando por la borda el sacrificado trabajo de la Policía Nacional, liberando de manera recurrente a peligrosos delincuentes, pese a la abundante carga probatoria y elementos de convicción suficientes para ser procesados y luego sentenciados.

Esta situación ha generado una indignación general, especialmente en la Policía Nacional del Perú. Por este motivo, el ministro del Interior, Juan José Santiváñez, ha tenido una actitud valiente al salir al frente y denunciar públicamente estas malas prácticas del Ministerio Público, evidenciando sus excesos, que afectan permanentemente el trabajo de la Policía Nacional en sus importantes logros de desarticulación de organizaciones criminales, con la detención de sus integrantes, incautación de armas de fuego, posesión de drogas, etc. Sin embargo, inexplicablemente, muchos fiscales, de manera abusiva e ilegal, liberan a los detenidos argumentando supuestas "faltas de prueba", "excesivo tiempo de detención", entre otros motivos, atentando contra la eficacia de la lucha contra la delincuencia y creando, cada vez más, una evidente sensación de inseguridad ciudadana y de impunidad.

El Fiscal de la Nación (e), Juan Carlos Villena, lejos de hacer una autocrítica o proponer y disponer la ejecución inmediata de medidas correctivas para superar estas desavenencias, ha salido con actitud iracunda a despotricar del ministro del Interior y a defender el fuero del Ministerio Público de manera amenazante. Incluso ha llegado a decir que "prefiere ser enemigo del Ejecutivo antes que ser amigo". Estas afirmaciones de Villena solo agudizan una crisis evidente que es necesario superar, ya que, mientras esto sucede, la delincuencia no da tregua y el ciudadano de a pie es el que sufre la indolencia del Ministerio Público, reclamando una profunda y urgente reorganización.

El 9 de septiembre de 2024, el diario *La República* dice: «Un caso de tráfico de influencias», «Fiscal Peralta y Andrés Hurtado investigados por presunto soborno de 1 000 000 USD», «Familia Siucho implica a presentador de televisión en el desembolso de dinero a fiscal de lavado de activos Elizabeth Peralta para desembargar 100 kilos de oro de supuesta procedencia ilícita», «El Ministerio Público investiga a la fiscal Elizabeth Peralta por este caso. Y están en la mira los presuntos nexos del conductor con el exjuez Walter Ríos y la presidenta de la Corte de Lima, María La Rosa Sánchez».

También señala: «Incluyen a expresidente del Tribunal Constitucional Francisco Morales en investigación a Benavides», «Resolución señala que Jaime Villanueva afirmó que el extitular del TC se comprometió a ayudar a la exfiscal de la nación en su demanda competencial contra la JNJ».

El 14 de septiembre de 2024, el diario *La República* dice: «Andrés Hurtado, Chibolín, el amigo de los acusados de lavado de activos». Sostiene que:

> La Fiscalía ha iniciado una investigación contra el presentador de televisión, luego de que fuera señalado de haber presuntamente cobrado un soborno a cambio de interceder ante su amiga, la fiscal Elizabeth Peralta, para que devuelva cargamento de oro de origen ilícito, incautado a los hermanos Miu Lei, primos de Siucho Neira, amigos íntimos de Chibolín.

Expreso, de fecha 14 de septiembre de 2024, dice: «Crece ayuda de Fiscalía a criminales en flagrancia», «Sujeto cae dieciocho veces en pleno asalto, y dieciocho veces lo sueltan. Un fiscal cae con soborno, y otra planta a jueces».

El diario *Expreso*, de fecha de 21 de septiembre de 2024, dice lo siguiente: «Con quinto de primaria, Chibolín se metió al bolsillo a jueces, fiscales y la DINI». Plantea que:

> En la audiencia de control de identidad presidida por el juez Juan Carlos Checkley, el cómico y presentador Andrés Hurtado ha traído más de una sorpresa. ¿Cómo es posible que una persona confesa con 5to año de primaria y que además padece de un trastorno de déficit de atención con hiperactividad (TDAH) «haya logrado forjar» una red de tráfico de influencias en nuestro sistema de justicia (MP y PJ), poniendo a sus pies hasta ahora a «honorables» jueces y fiscales...?

Perú 21, de fecha 21 de septiembre de 2024, precisa:

> La Sala Plena de la Corte Suprema designó a dos magistrados supremos para que, en quince días, emitan un informe sobre las irregularidades administrativas en las que incurrieron los miembros de la Corte de Justicia de Lima por intercambiar favores con Andrés Hurtado

Y agrega: «PJ crea comisión para investigar cuántos jueces corrompió Chibolín», «Elvia Barrios y Ramiro Bustamante, supremos, intervienen Corte Superior de Lima», «Sala Plena toma acuerdo ante indicios que vinculan a jueza Paola Valdivia con polémico conductor de TV».

Correo, del 27 de septiembre de 2024, afirma: «Arraigo en el país de la fiscal Elizabeth Peralta será hasta el 9 de octubre».

Perú 21, del 29 de septiembre de 2024, informó: «Elizabeth Peralta, la "madre" de Andrés Hurtado, era un cuello blanco», «Negoció su ascenso como fiscal superior ante el extinto CNM», «De defender a expresidentes a representar a presuntos delincuentes comunes», «Si el juicio mediático condiciona el juicio jurídico, los abogados son las nuevas vedetes del caso Chibolín». «Política para abogados». Sostiene:

> Pero no solo los fiscales son divos con chalecos antibalas y los jueces bajan el pulgar en las preventivas. También los abogados defensores se incineran en señal abierta, y a veces *ad honorem*, porque el negocio está en otro lado. Por segundos de exposición televisiva y el capital mediático conseguido, abren otras puertas, jalan a otros clientes y generan otros dividendos.

Correo, del 1 de octubre de 2024, dice: «El último año arrastra al descrédito a siete fiscales», «¿La Fiscalía se cae a pedazos?», «¿Nadie se escapa?». Expresa que:

> Cuestionamientos alcanzan a los supremos Pablo Sánchez y Zoraida Ávalos, al coordinador de lavado de activos Rafael Vela Barba y al vapuleado José Domingo Pérez. A ellos se suman ahora los titulares del EFICCOP, Marita Barreto, y por la trama de Andrés Hurtado, Elizabeth Peralta y Lucio Sal y Rosas.

Expreso, de fecha 1 de octubre de 2024, afirma: «Audio compromete a fiscal Barreto y podría llevarla a prisión», «Escándalo judicial», «Entrega documentos de investigación a la prensa», «Barreto habría cometido delito, según nuevo audio», «La fiscal no solo habría cometido infidencia, sino que habría puesto en riesgo a testigo protegido en casos de corrupción. Exigen peritaje y geolocalización», «Podrían levantarle el secreto bancario a fiscal Pérez».

Expreso, de fecha 2 de octubre de 2024, sostiene: «Congreso se prepara para destituir al fiscal de la nación por proteger a Pérez y Barreto», «Legisladores acusan al fiscal de la nación de "doble moral" y persecución política selectiva», «Se viene denuncia al fiscal de la nación por parcializado, señalan congresistas».

Expreso, del 6 de octubre de 2024, publicó: «Repudio nacional», «Jueces favorecen a terroristas y condenan a héroes», «Poder Judicial aplica prescripciones a terroristas, pero a militares se las niega», «Terroristas quedan libres por prescripción, mientras militares son condenados por hechos de hace cuarenta años».

Alejandro Cavero, tercer vicepresidente del Congreso, declaró: «Existe una tremenda corrupción en fiscalía».

«Domingo Pérez debe ser retirado del Ministerio Público».

El Comercio, 10 de octubre de 2024, informó: «Suspenden por seis meses a la fiscal y jefa del equipo especial Marita Barreto», «Se le investiga por tres hechos, entre ellos la presunta filtración irregular de información a periodista», «Se le imputa el presunto delito contra la administración pública, en la modalidad de revelación indebida de identidad y omisión o demora de actos funcionales».

Correo, de fecha 10 de octubre de 2024, dice: «Coordinadora de EFICCOP apelará decisión», «Suspenden a Marita Barreto», «La Autoridad Nacional de Control del Ministerio Público dispuso apartarla del caso por un periodo de seis meses».

Perú 21, del 12 de octubre de 2024, anunció: «Jueza es suspendida por caso Chibolín. María Vidal, presidenta de la Corte de Lima».

Expreso, de fecha 12 de octubre de 2024, sostiene: «Jueces y fiscales se ponen fuera de ley», «Los denunciarán penalmente por prevaricato», «Fiscal anticorrupción golpea a mujer policía», «Estamos prácticamente ante una dictadura fiscal, donde ellos deciden qué leyes acatan y cuáles no», «Jueces y fiscales podrán ir presos por negarse a aplicar normas vigentes», «Denuncian dictadura de fiscales que no defienden a personas de criminales, mientras favorecen a megacorruptos como Odebrecht y sus cómplices».

Expreso, del 14 de octubre de 2024, publicó: «La falta de estabilidad en el marco legal ha convertido al sistema de justicia penal en un espacio vulnerable, incapaz de responder a las nuevas formas de delincuencia que afectan al país», «Sigue denuncia contra suspendida Marita Barreto. Fiscal acusada de fraude intelectual por libros de derecho penal».

Expreso, con fecha de 23 de octubre de 2024, dice: «Jaime Villanueva destapa manipulación de fiscalía en Lava Jato», «La fiscalía abre investigación contra Vela, Pérez y Gorriti por cohecho y patrocinio ilegal en el caso Lava Jato».

Expreso, del 23 de octubre de 2024, afirma: «La santísima trinidad integrada por Jaime Villanueva, Rafael Vela y "el loco" José Domingo Pérez», «Jaime Villanueva decidió cantar ante los medios de comunicación para ofrecer nuevas revelaciones de cómo los fiscales Rafael Vela y José Domingo Pérez manipularon los procesos del caso Lava Jato». Además, sostiene que:

> Jaime Villanueva ratificó que los fiscales Rafael Vela y José Domingo Pérez, bajo la batuta de Gustavo Gorriti, cercaron a Alan García, quien terminó suicidándose. «Gustavo Gorriti me sirve una copa para brindar por la

> muerte de Alan García». «Ya se murió… hemos ganado», festejó Gorriti.

El congresista Alejandro Aguinaga declaró:

> Por mucho menos, con estos graves hechos, estos fiscales Domingo Pérez y Vela Barba deberían ser destituidos y puestos en prisión preventiva junto a Gorriti, acompañando a Chibolín. ¿Actuará Delia Espinoza contra estos fiscales o estará también sujeta a pedir permiso a los grupos *oenegeros* de poder que controlan su institución?

Correo, con fecha de 24 de octubre de 2024, sostuvo: «Por infracción a la Carta Magna, señala la legisladora Norma Yarrow», «Denuncian a fiscales supremos por abuso de autoridad». Informó que:

> El fiscal de la nación, Juan Carlos Villena, fue denunciado constitucionalmente por presuntamente haber infringido la Constitución. La medida incluye a los supremos Delia Espinoza, Zoraida Ávalos y Pablo Sánchez, por los presuntos delitos de abuso de autoridad, prevaricato y falsedad genérica.

El Comercio, el 24 de octubre de 2024, publicó: «Vizcarra busca frustrar instalación de juicio por presuntas coimas», «La defensa del expresidente presentó recurso para anular la resolución que dispuso el inicio del juzgamiento por el caso Lomas de Ilo y Hospital de Moquegua, programado para el lunes».

Expreso, del 25 de octubre de 2024, anunció: «Pérez lo acusaba de lavado», «PJ anula proceso contra chofer de Kuczynski luego de siete años», «A este señor se le ha allanado la casa, se le ha interpuesto una prisión preliminar y ha perdido su trabajo. Está sobreviviendo con trabajos esporádicos, y ha tenido problemas familiares», indicó Julio Midolo, abogado de José Luis Bernaola, a quien el Poder Judicial excluyó del proceso por supuesto lavado de activos con Pedro Pablo Kuczynski. En el 2017 se le había abierto investigación junto al expresidente y la secretaria de este, Gloria Kisic. El fiscal José Pérez les atribuía haber conformado una organización criminal para ocultar dinero entregado por Odebrecht.

Perú 21, de fecha 30 de octubre de 2024, indica: «Denuncia Luis Pacheco Mandujano: fiscales supremos han cometido traición a la patria», «El abogado afirmó que dichos magistrados no tienen ninguna facultad para no aplicar una ley porque les parece inconstitucional».

Expreso, el 5 de noviembre de 2024, publicó: «Citan para mañana a Gorriti», «Vela y Pérez dicen que fiscal Chinchay los acosa», «Miembros del equipo Lava Jato no quieren que Chávarry y Benavides den testimonios. Sigue la estrategia de victimización».

César Rojas declaró: «Como "acoso" calificaron Rafael Vela y José Pérez las diligencias que realiza el fiscal supremo Alcides Chinchay, quien los investiga por presunta corrupción con el activista Gustavo Gorriti Ellenbogen».

Correo, con fecha de 5 de noviembre de 2024, dice: «Solicitan investigación a fiscal Sal y Rosas», «Por la devolución de oro en "caso Chibolín"».

Hildebrandt en sus trece, el 8 de noviembre de 2024, publicó:

> **La muerte**
> La Morgue Central de Lima se cae a pedazos por exceso de cadáveres y falta de mantenimiento. Las autoridades siguen mintiendo sobre el tema.
>
> Algunos cadáveres son colocados en el piso porque las cuatro camillas elevadoras que permitirían acomodar los cuerpos en los anaqueles están malogradas.

> No hay espacio donde guardar los cadáveres; todo está completamente lleno.
>
> Tenemos que guardar hasta tres o cuatro cadáveres uno encima de otro; algunos ya están putrefactos y tienen semanas o meses guardados ahí.
>
> Los restos de sangre y líquidos de putrefacción en el piso son fuente de contagio de TBC y meningitis para los trabajadores de la Sala de Necropsia.
>
> Otros cadáveres llevan más de siete meses hacinados en el sótano y en cámaras de conservación averiadas.
>
> La mayor parte de los instrumentos están deteriorados y oxidados. La infraestructura está colapsada. No se cuenta con personal suficiente.
>
> En las cámaras de conservación se guardan tres o cuatro cadáveres uno encima de otro. Algunos están putrefactos.
>
> Las ocho mesas de necropsia están deterioradas. Tienen veintiocho años de antigüedad.
>
> En agosto de 2023, el fiscal provincial Nilton Paz elaboró un informe a sus superiores sobre la situación de la Sala de Necropsias.
>
> El fiscal concluyó que las condiciones insalubres del espacio eran un serio riesgo para la salud de todos los trabajadores. Nada ha cambiado desde entonces.

Correo, del 21 de noviembre de 2024, sostuvo: «Fiscal Elizabeth Peralta adujo maltrato», «Juez escuchó a "madre" de Chibolín, que busca evitar prisión preventiva», «Comisión de Fiscalización del Congreso: citan a fiscales Rafael Vela y Domingo Pérez», «Ambos integrantes del equipo Lava Jato deberán explicar los términos en los que fue suscrito el acuerdo con Odebrecht», «Fiscales vienen siendo cuestionados por el apoyo a la empresa Odebrecht».

Expreso, con fecha de 26 de noviembre de 2024, publicó: «Detecta Contraloría de la República», «Festín en caja chica de fiscalía». En un informe de control simultáneo, la Contraloría de la República detectó que la directiva para manejo de la caja chica del Ministerio Público no contiene todos los aspectos dispuestos por la Dirección General del Tesoro Público, lo que no contribuye con la gestión eficiente de los recursos públicos. Como ejemplo, se menciona que, en la sede central de la entidad, se encontraron tres vales provisionales por 2312 soles, dos de los cuales no han sido rendidos en el plazo establecido en la directiva, situación que no contribuye con la administración transparente.

Expreso, el 28 de noviembre de 2024, informó: «Imputados de delitos en gobierno de Pedro Castillo siguen saliendo en libertad», «Más de veinticuatro meses sin avances significativos en la investigación», señalan jueces. «Fiscal de la Nación, Delia Espinoza, en silencio cómplice, a pesar de audios y testimonios», «Diferente trato tenía con su antecesora Patricia Benavides», «Expresidente procesado por golpe de Estado denuncia a Benavides, Barreto y funcionarios por coacción y falsedad».

Expreso, del 28 de noviembre de 2024, dice: «Moreno en la picota». José Luis Castillo Alva, abogado penalista investigado por EFICCOP, ha señalado a su colega Jefferson Moreno de haber traficado con los fiscales a cambio de dinero. En una declaración jurada, señala que Moreno trabajaba para naviera italiana (vinculada al caso Repsol) y era al mismo tiempo abogado de Mauricio Fernandini, a quien le pidió 200 000 USD para influir en fiscalía.

«Denuncia a Benavides y Barreto», «Castillo contraataca al Ministerio Público». Así, abogados de expresidente procesado por golpe de Estado ahora acusan a sus acusadores.

Expreso, el 28 de noviembre de 2024, anunció: «Usó equipos de fiscalía para caso particular», «Reabren investigación a Pérez por peculado», «Miembro del equipo Lava Jato también debe responder por presuntos delitos de cohecho y enriquecimiento ilícito», «Mediático funcionario sigue en la polémica». Hechos comprobados, como el uso de instalaciones y equipos del Ministerio Público para un caso de su interés particular, motivaron que a José Pérez se le reabriera una investigación por presunto peculado. Así lo dispuso el fiscal adjunto supremo Alcides Chinchay, luego de que la Primera Fiscalía Anticorrupción de Lima Centro archivara el caso en julio del año pasado.

Luis Pacheco Mandujano declaró: «La prisión preventiva se usa de manera abusiva en el Perú». El abogado señaló que el juez Richard Concepción Carhuancho permitió la fuga de Nicanor Boluarte por dedicarle más atención a dictar charlas con Domingo Pérez.

Correo, con fecha de 28 de noviembre de 2024, dice: «Jefe de la Policía Nacional afirma que Nicanor está en el Perú». El comandante general de la PNP, Víctor Zanabria, aseguró que Nicanor Boluarte, hermano de la presidente Dina Boluarte, se encuentra en el país.

Expreso, del 4 de diciembre de 2024, anunció: «Fiscal Peralta fuga como Cerrón, Silva y Boluarte», «La doctora Elizabeth Peralta Santur va a ejercer su derecho a resistir una detención arbitraria», «Fiscal de la nación se olvida de Pérez y viaja a Huacho», «Parece que José Pérez sigue blindado como en los tiempos de Juan Carlos Villena», «Por miedo a sus procesos legales, congresistas no quieren tocar el sistema judicial», «Por eso es que hay fiscales que hacen lo que quieren... porque los deben tener allí (amenazados). Les deben decir: "Si avanzas un poco en este proyecto o el otro, te meto preso"».

Correo, del 4 de diciembre de 2024, sostiene: «Fiscal Elizabeth Peralta no acepta fallo del Poder Judicial y fugó», «Peralta se unió a la red de Vladimir Cerrón y Nicolás Boluarte», «Fiscal Elizabeth Peralta se fugó tras decidirse que purgue dieciocho meses de prisión preventiva».

Perú 21, el 4 de diciembre de 2024, publicó: «Chibolín arrastra a la cárcel a su fiscal», «La Corte Suprema ordena que

Elizabeth Peralta pase dieciocho meses en un penal para no obstaculizar la investigación».

La República, del 5 de diciembre de 2024, anuncia: «Se entrega la fiscal Peralta», «La exfiscal superior de lavado de activos debe cumplir dieciocho meses de prisión preventiva por los presuntos cargos de tráfico de influencias y cohecho pasivo específico que involucran al expresentador de TV y al empresario Javier Miu Lei», «Fiscal Elizabeth Peralta se entrega para recuperar libertad con habeas corpus», «Espinoza estimó que el recurso llegará en seis meses al TC, instancia en la que planea revertir la detención».

Correo, con fecha de 5 de diciembre de 2024, dice: «Fiscal Elizabeth Peralta recula y se somete a la justicia», «Magistrada estuvo prófuga por veinticuatro horas, pero, según su abogado Benji Espinoza, la convenció de ponerse a derecho. Ya pasó control de identidad y hoy el INPE decidirá a qué penal la deriva», «Detienen a fiscal por robo de morral en aeropuerto», «Video reporta a funcionaria cuando se guarda objetos ajenos que estaban en la sala de espera del Jorge Chávez».

Perú 21, el 5 de diciembre de 2024, publicó: «Condenan a fiscal junto a Orellana». A seis años de cárcel efectiva, fue condenado el exfiscal Eduardo Martín Egusquiza Castro por recibir sobornos de Rodolfo y Ludith Orellana. A su vez, estos últimos fueron sentenciados a cinco años de prisión.

«Destituyen a fiscal por hurtar bolso de pasajero». La fiscal Karla Isabel Salazar Gómez, acusada de hurtar el bolso de un pasajero en el Aeropuerto Internacional Jorge Chávez, fue destituida de su cargo.

Ojo, del 6 de diciembre de 2024, dice: «Fiscal de Chibolín duerme en Santa Mónica», «Cumplirá dieciocho meses de prisión preventiva».

> Para sentenciar a militares, los jueces dicen: «No acatamos la ley del Congreso». Para beneficiar a Vizcarra:

«La culpa la tiene la ley del Congreso». En realidad, pasan los años, los plazos se cumplen y el sistema judicial es incapaz de terminar algunos procesos de protegidos de la mafia caviar.

«Investigan a Dina por abandono de cargo». La Fiscalía informó ayer que abrió una investigación preliminar contra la presidenta Dina Boluarte por presuntos delitos de omisión de funciones o abandono del cargo, porque se habría ausentado de Palacio para hacerse una rinoplastia. Además, en el Congreso se admitieron las denuncias por las muertes en protestas y por el caso Rolex contra la mandataria.

Correo, con fecha 6 de diciembre de 2024, informó: «La Fiscalía investigará cirugía de Dina», «Ministerio Público abre pesquisa a la presidenta por operación de rinoplastia».

El miércoles último hemos visto a la fiscal superior Elizabeth Peralta Santur siendo llevada a un penal por agentes de la Policía Nacional, luego de que se le dictara prisión preventiva por sus nexos con Andrés Hurtado, «Chibolín», mientras que en Piura, otra integrante del Ministerio Público, la fiscal provincial adjunta Carla Salazar Gómez, era arrestada por haberse robado en el aeropuerto de Lima un morral con dinero en efectivo y dos teléfonos celulares que alguien dejó olvidado en la sala de espera.

Expreso, el 7 de diciembre de 2024, publicó: «Jueza Sonia Torre deja Corte Penal Nacional», «Corrige a Concepción Carhuancho y la sacan».

«Decisión del Consejo Ejecutivo del Poder Judicial coincide con apelación contra fiscales. Desbalance jurídico en el Estado». Sonia Torre Muñoz, quien presidía la Quinta Sala Penal de Apelaciones, que había anulado polémicas decisiones del juez Richard Concepción Carhuancho, dejó este cargo y ahora trabajará en la Corte de Tumbes.

«Poder Judicial les levanta medida restrictiva a Villaverde, Vásquez y Pacheco». Ya pueden salir del país. Ante la inoperancia del Ministerio Público, el Poder Judicial levantó la orden de impedimento de salida del país que pesaba contra el cuestionado empresario Zamir Villaverde, como parte de la investigación por el presunto lavado de activos vinculado al caso Puente Tarata. El juez Wilson Verástegui también adoptó la misma medida en favor de Fray Vásquez Castillo, sobrino del expresidente Pedro Castillo; el exsecretario general de la presidencia, Bruno Pacheco, y otras seis personas implicadas. Se supo que el juez determinó esta medida debido a que el último 8 de octubre «venció» el plazo de una prórroga de la orden de impedimento de salida del país y el Ministerio Público no solicitó ninguna ampliación.

«A tres años de prisión suspendida condenan a jueza que aplicó ley derogada». A tres años de pena privativa de libertad, suspendida por un año, fue condenada Melina Elizabeth Díaz Acosta por aplicar leyes derogadas en vez de las vigentes. Ante ello, dejó de dirigir el Cuarto Juzgado de Investigación Preparatoria de Coronel Portillo (Ucayali).

La República, el 15 de diciembre de 2024, sostuvo: «Lentitud fiscal para identificar a los autores directos de masacre». El Ministerio Público solo tiene la identidad de un teniente coronel del Ejército señalado como presunto responsable de la muerte de dos de las diez víctimas de la brutal represión militar del 15 de diciembre de 2022.

Expreso, del 3 de enero de 2025, dice: «Durante ceremonia en la que asume la presidencia del Poder Judicial, Tello invoca unión contra politización de la justicia». La presidenta del Poder Judicial (PJ), Janet Tello, invocó a todos los jueces del país a hacer respetar sus fueros y cerrar el paso a «cualquier pretensión de instrumentalización de la justicia con fines políticos».

La República, con fecha de 3 de enero de 2025, expresa: «Tello critica el uso de la justicia para perseguir a rivales políticos». La presidenta del Poder Judicial, además, señala que no hay un primer, segundo o tercer poder, sino una sola equivalencia constitucional y separación de poderes que todos deben respetar y preservar.

Luis Francia declaró: «El destino de Vela y Pérez será la cárcel por la firma del acuerdo con Odebrecht». El abogado dijo esperar que la fiscal de la nación, Delia Espinoza, inicie una investigación contra los miembros del equipo Lava Jato tras la denuncia que interpuso junto a Luis Pacheco Mandujano. Además, el acuerdo tuvo que ser público cuando se homologó; es decir, en junio de 2019.

Perú 21, del 3 de enero de 2025, informó: «Mientras Salhuana se lavaba las manos en conferencia de prensa, la Fiscalía intervenía ayer oficinas del Congreso por caso de explotación sexual».

El Comercio, el 3 de enero de 2025, anunció: «Fiscalía ingresa al Congreso por caso de presunta red de prostitución».

Expreso, del 6 de enero de 2025, dice: «Exprocuradora Katherine Ampuero los desnuda: ineptos y corruptos negociaron acuerdo con empresa Odebrecht», «Hay como cinco delitos por los cuales tienen que responder Rafael Vela, J. D. Pérez, Jorge Ramírez y Silvana Carrión».

El Popular, el 6 de enero de 2025, comunicó: «Fiscal de la nación, Delia Espinoza, removió a Jorge Chávez Cotrina», «Fany Soledad Quispe es la nueva coordinadora contra la criminalidad organizada».

Correo, el 6 de enero de 2025, también publicó: «Sale Jorge Chávez Cotrina y entra Fany Quispe», «Cambian a fiscal coordinador de crimen organizado». Según la Fiscalía de la Nación, el relevo es parte del proceso de modernización de la gestión pública y busca incrementar la capacidad resolutiva de casos fiscales.

Expreso, del 7 de enero de 2025, dice: «Nuestro Poder Judicial no se va a reformar solo; es como un drogadicto, se ha vuelto adicto al poder». Piden a la mandataria no promulgar ley de detención preliminar. «La Corte Interamericana de Derechos Humanos ya ha determinado que es un abuso», refiere. «El juez de investigación preparatoria se transforma en mesa de partes o en aliado del Ministerio Público. Estamos peor que con el antiguo código».

«Tienen miedo de contradecir a fiscales: jueces de investigación son mesas de partes». El Nuevo Código Procesal Penal no se aplica en la práctica, advierte litigante. «Piden a Boluarte no firmar polémica ley. La Corte IDH ya rechazó la detención preliminar. Sentencia sobre México señala que encarcelar sin flagrancia y sin proceso formal es un abuso».

«Formalizan investigación a Oscorima». El Ministerio Público formalizó la investigación preparatoria contra el gobernador regional de Ayacucho, Wilfredo Oscorima Núñez, por la entrega irregular de relojes costosos marca Rolex a la presidenta Dina Boluarte. Para el Primer Despacho de la Fiscalía en Delitos Aduaneros del Callao, el funcionario habría cometido los delitos de contrabando y receptación aduanera agravada. Esto por el ingreso ilegal de los relojes Rolex y joyas de alto valor que Wilfredo Oscorima le habría entregado a Dina Boluarte.

«Pide reacción a supremos Sánchez y Ávalos», «IDL lanza advertencia a Espinoza por Vela. Ernesto de la Jara, fundador de ONG financiada por George Soros, dice que fiscal de la nación favorece corrupción».

Expreso, con fecha de 8 de enero de 2025, anuncia:

> Cuestionan a Rafael Vela por negociaciones y casos polémicos.
>
> La Fiscalía hace agua.
>
> Acusan al fiscal de autorizar el sobreseimiento de un caso clave a pesar de la opinión del juez.
>
> Colaborador brasileño revela contratos ficticios vinculados a exministro Mariano González.
>
> Exigen que Rafael Vela sea sometido a un proceso disciplinario y se evalúe su permanencia.
>
> Por entrevista sin autorización, fiscal de la nación llama la atención a José Pérez.

Afán protagónico le podría costar el puesto al polémico funcionario del Ministerio Público.

Gustavo Gutiérrez Ticse, miembro del TC, instó a la fiscal de la nación, Delia Espinoza, a detallar los niveles de eficacia que ha tenido el Ministerio Público en la lucha contra la inseguridad ciudadana. Manifestó:

> Me gustaría que la fiscal de la nación, que la vemos —y saludamos su presencia en los medios de comunicación anunciando todos estos eventos—, también anuncie los niveles de eficacia del Ministerio Público en la lucha contra la inseguridad ciudadana.

Gutiérrez Ticse también anunció que el TC resolverá en marzo la demanda competencial presentada por la presidenta Dina Boluarte en contra del Poder Judicial y el Ministerio Público por las investigaciones en su contra.

Expreso, del 9 de enero de 2025, indica:

> Cavero: respecto al acuerdo con Odebrecht «se cedió demasiado y se obtuvo muy poco».
>
> El tercer vicepresidente del Parlamento también insta a la Fiscalía a investigar a Domingo Pérez y Vela Barba.
>
> Tras ataque a mototaxistas, dirigente revela entrega de dinero.
>
> Denuncian que policías piden pagos para patrullar.
>
> El MININTER anunció remoción de efectivos implicados.
>
> Uno de los tres transportistas acribillados por extorsionadores está grave.
>
> Dirigente denuncia pago de coimas a agentes de la PNP luego de que una mafia de extorsionadores acribillara a tres mototaxistas en San Juan de Lurigancho (SJL).

> Un dirigente denunció que policías piden pagos a transportistas para brindarles seguridad y patrullar los principales paraderos donde trabajan.
>
> «En el Perú existe *lawfare*», señala Boluarte. Denuncia activismo político en el sistema judicial.

Expreso, del 16 de enero de 2025, dice:

> Fiscalía realiza diligencias en vivienda del expremier Otárola.
>
> Mientras Pérez gasta en hotel de cinco estrellas.
>
> Denuncian que Barreto usa pulsera de veinticinco mil soles.
>
> Fiscales de casos emblemáticos no podrán justificar gastos de cientos de miles de dólares.

Correo, el 16 de enero de 2025, publicó: «Presidenta pide terminar con la politización de la justicia en el país».

La Razón, con fecha de 20 de enero de 2025, dice: «Destapan red criminal», «Fiscalía investiga a Harvey Colchado y a Karelim López por integrar presunta organización criminal», «Acusan a exjefe de la DIVIAC de estar involucrado en caso de extorsiones, sobornos y abusos de poder», «Afirman que Karelim López habría realizado regalos a fiscales, entre ellos a Marita Barreto», «También indagan coimas a congresistas a cambio de respaldo político».

Diario Uno, el 20 de enero de 2025, anunció: «Aperturan investigación penal contra magistrada que condenó a Vladimir Cerrón», «Jueza Susan Carrera Tupacyupanqui fue denunciada ante la Fiscalía de Junín por el delito de prevaricato y encubrimiento personal agravado», «Fiscalía solicita impedimento de salida del país para juez de Lurín investigado por caso "Cuellos Blancos"».

Trome, con fecha de 20 de enero de 2025, comunica: «Perito afirma que chica que trabajó en el Congreso recibió quince impactos de bala», «El objetivo era matar a Andrea», «Piden a Fiscalía que investigue la presunta red de prostitución en el Parlamento».

Correo, del 23 de enero de 2025, indica: «Fiscalía denuncia a once congresistas por ley que permitió a cinco de ellos tener doble ingreso del Estado».

Diario Uno, el 23 de enero de 2025, publicó: «Fiscal de la nación acosa al Congreso».

A su vez, *La Razón*, el 23 de enero de 2025, anunció: «Fiscalía y el Congreso en guerra», «Primera vicepresidenta del Congreso, Patricia Juárez, anuncia denuncia constitucional contra Espinoza».

Expreso, del 27 de enero de 2025, dice:

> La Fiscalía es el problema.
>
> La absurda acusación de la fiscal de la nación, Delia Espinoza, contra once congresistas es una muestra de la degradación de esta importante institución, convertida en instrumento político de la mafia caviar y copada por magistrados inútiles e incompetentes (...) los congresistas no pueden ser imputados por los votos que emiten, como dice claramente la Constitución.
>
> Eso absorbe el trabajo de muchos fiscales: miles y miles de horas perdidas en causas ridículas, toneladas de papel que se acumulan en expedientes inservibles que finalmente no conducen a nada.
>
> Fiscal Barreto no declaró construcción de casa en Asia.
>
> Terreno aparece sin construir para evadir impuestos.
>
> Una perla más le sacó *Contracorriente*, de Willax, a la suspendida fiscal Marita Barreto, que estuvo al frente del EFICCOP.
>
> «Fiscalía pide dieciocho meses de prisión preventiva para exjuez César Hinostroza», esto como parte de una

investigación preparatoria por el presunto delito de tráfico de influencias agravado en perjuicio del Estado.

Expreso, del 10 de febrero de 2025, dice:

> Justicia chantajeada es injusticia.
>
> No es novedad que exista una institucionalizada podredumbre al interior del sistema de justicia del Perú. Venimos denunciando esto hace años y comprobamos que, cada día, está peor. Vivimos amenazados por un mecanismo aterrador, dirigido a utilizar el Poder Judicial y a la Fiscalía de la Nación como mecanismos de coerción para demostrar poder por parte de la corrupción.

La abeja del 11 de julio de 2019

En la Revista internacional *EIR* Vol. XVII, número 12 de la segunda quincena de junio del año 2000, Carlos Wesley publicó este informe sobre Gustavo Gorriti. Lo reproducimos por considerarlo de interés y actualidad.

¿Quién es Gustavo Gorriti?
Por Carlos Wesley

> Gustavo Gorriti Ellenbogen, peruano de nacionalidad, forma parte del aparato panamericano político que cobró fama a mediados de los ochenta en el tráfico de drogas por armas que se conoce como el escándalo «Irán contra» de George Bush. Es a través de este aparato que se vincula con el exsubsecretario asistente de Estado de los Estados Unidos, Elliot Abrams y su sucesor Bernard Aronson; con Samuel P. Huntington y Luigi Einaudi, autores intelectuales de un plan para acabar con las

instituciones del Estado nacional; con el banquero panameño Roberto «Bobby» Eisenmann, varias veces implicado en el lavado de narcodólares; y con otros que, como Gorriti, abiertamente se dedican a la defensa de grupos narcoterroristas tales como Sendero Luminoso, el Movimiento Revolucionario Túpac Amaru (MRTA) y las Fuerzas Armadas Revolucionarias de Colombia (FARC), y que demandan el desmantelamiento de las fuerzas armadas y de los gobiernos de Iberoamérica.

Detalles

1. La conexión con el narcolegalizador Soros:

Como es de todos sabido, Gorriti fungió como asesor de prensa del derrotado candidato presidencial peruano Alejandro Toledo. Al igual que Diego García Sayán, principal asesor de Toledo, Gorriti también tiene conexiones con el aparato narcolegalizador del multimillonario George Soros. Para empezar, Gorriti pertenece a una organización llamada International Consortium of Investigative Journalists (ICIJ), con sede en el Center for Public Integrity, en la ciudad de Washington, D. C., que recibe su financiamiento de, entre otros, The Open Society Institute, de George Soros. También recibe dinero de la Carnegie Corporation, de la Fundación Ford y de Rockefeller Financial Services. Además de Gorriti, pertenecen a la ICIJ los peruanos Ángel Páez y Fernando Rospigliosi; la colombiana María Jimena Duzán Sáenz; el brasileño Amaury Ribeiro Jr., quien acaba de emprender una campaña contra el ejército del Brasil por supuestas «violaciones de los derechos humanos», y el argentino Horacio Verbitsky, quien fuera el encargado de inteligencia de los Montoneros.

2. La conexión con el narcolavandero Eisenmann:

Hasta que se integró a la campaña de Toledo, Gustavo Gorriti ostentó el cargo de director adjunto del diario panameño *La Prensa*, propiedad de su viejo amigo y colaborador de años, Roberto «Bobby» Eisenmann. La relación de Gorriti con Eisenmann se remonta a mediados de los ochenta, cuando ambos eran compañeros de aula en la Universidad de Harvard. Eisenmann se encontraba allí becado por la Fundación Neumann, supuestamente estudiando periodismo, y Gorriti tenía una beca de la Fundación Guggenheim para escribir un libro sobre Sendero Luminoso.

Durante esa época, Eisenmann le dictaba artículos a Gorriti atacando al general Manuel Noriega de Panamá (de quien quería deshacerse George Bush), artículos que Gorriti entonces publicaba en la revista peruana *Caretas*. Posteriormente, los mismos artículos se publicaban en *La Prensa* de Eisenmann, citando a *Caretas* como la fuente. Con este «lavado» se evadían las estrictas leyes panameñas contra la difamación y la calumnia. Más o menos por las mismas fechas, se destapó el caso de lavado de narcodólares contra el Dadeland Bank de la Florida, del que Eisenmann, el colaborador de Gorriti, era copropietario.

Stephen Samos, otro accionista del *Dadeland Bank* de Eisenmann, fue uno de los integrantes más importantes del equipo de Irán contra de Bush, que inundó los arrabales de Estados Unidos con cocaína «crac». Samos, cuya especialidad era vender empresas de membrete (su compañía, Interseco, creó y vendió más de dos mil firmas de este tipo), estableció las compañías que sirvieron de parapeto para las operaciones de Elliot Abrams. Cuando se descubrió lo que el propio Eisenmann denominó el «affaire Samos», Eisenmann escribió un artículo defendiendo a «mi amigo» Iván Robles y a su hermano Winston Robles, director de *La Prensa*, a quien calificó de hombre de «integridad inflexible». También hizo propalar el cuento de que el involucramiento de estos en el tráfico de narcóticos hasta cierto punto se justificaba por la lucha contra «la dictadura» de Noriega. En cuanto a su exsocio, el narcolavandero Samos, Eisenmann lo elogió como hombre de «mucho éxito» en una entrevista con el *Wall Street Journal.*

El «affaire Samos» no fue el único caso de narcolavado donde figuró el nombre de Eisenmann. El compinche de Gorriti, Eisenmann, era director del Banco Continental de Panamá cuando los Rodríguez Orejuela, narcotraficantes colombianos de peso, lo usaron para lavar unos cuarenta millones de dólares, como se descubrió en 1985. En la actualidad, Eisenmann es presidente de la filial panameña de Transparencia Internacional, una organización no gubernamental (ONG) creada por el Banco Mundial, con la participación directa del príncipe Felipe de Inglaterra. Transparencia Internacional —en la cual Elliot Abrams, el único implicado en Irán contra que se declaró culpable, también juega un importante papel en las Américas— es uno de los principales instrumentos que hoy día se usan contra los gobiernos soberanos del mundo, irónicamente, so capa de «luchar contra la corrupción».

3. La conexión con el narcoterrorista Sendero Luminoso:

El propio Gorriti revela sus lealtades en su libro *La historia de Sendero Luminoso,* que se publicó a principios de los noventa y que de hecho es una apología de Sendero Luminoso en la que le echa la culpa a los militares por la existencia de la insurgencia terrorista. En el prefacio de su libro, Gorriti expresa su agradecimiento a quien fuera su tutor cuando estudió en los Estados Unidos: Samuel P. Huntington.

En su libro, Gorriti plantea la hipótesis de que ¡fueron los mismos militares peruanos los que alimentaron a Sendero Luminoso! La desinformación pro senderista propalada por Gorriti la usó el Departamento de Estado estadounidense para justificar condenas y bloqueos contra el gobierno y los militares peruanos. Y, en septiembre de 1992, cuando la Comisión de Relaciones Exteriores de la Cámara de Representantes del Congreso estadounidense, presidida por Robert Torricelli (entonces novio de Bianca Jagger, la misma que escandalizaba Nueva York en el famoso Studio 54 y que estuvo en Perú a mediados de febrero de este año, declarando que no existían las condiciones para un «proceso electoral libre»), organizó audiencias sobre Sendero, uno de sus principales testigos fue Gorriti, quien pidió el aislamiento internacional del gobierno peruano, justo cuando encaraba la mayor ofensiva senderista.

En abril de 1992, cuando el presidente Alberto Fujimori decretó las medidas de emergencia que condujeron a la derrota de Sendero Luminoso, las fuerzas de seguridad encarcelaron a Gorriti, acusado de espía. Gorriti logra su libertad gracias a la intervención personal del entonces subsecretario asistente de Estado para Asuntos Interamericanos, Bernard Aronson, y sale del país para refugiarse en el Centro Norte-Sur de la Universidad de Miami, un «think-tank» que se especializa en Iberoamérica, y que dirige Ambler Moss, exembajador de Estados Unidos en Panamá y miembro de Diálogo Interamericano, una organización de influyentes que desde mediados de los ochenta viene haciendo campaña para legalizar los estupefacientes. Gorriti permanece en ese «think-tank» hasta que va a Panamá a trabajar con Eisenmann.

Harold Salinas escribió:

> Espurio operador de la justicia. Recordábamos ayer que una terrible dictadura se ha apoderado de nuestro sistema judicial, dirigida por Gustavo Gorriti, sujeto vinculado al millonario especulador George Soros. Gorriti es un traficante de influencias que opera a través de su ONG, IDL, siempre cercana a la monumental corrupción que impera en nuestro Estado y, consecuentemente, base de la podredumbre de nuestro irónicamente llamado «Sistema de Justicia». Todo esto impide que la ciudadanía se ampare en la jurisprudencia que dicta nuestra Constitución. ¿La razón? Los jueces y fiscales hacen lo que les dicta Gorriti desde el Parnaso de la corrupción, financiado por ONG como la suya, con dinero opaco destinado a imponer caprichos extranjerizantes a los peruanos.

Conclusiones y recomendaciones

La injerencia de la política en la justicia, y viceversa, propicia el abuso del derecho, la aplicación arbitraria de la ley, el asesinato moral y emocional de quienes padecen la carcelería sin haber sido sentenciados, la injusta prisión preventiva para ocultar la ineficiencia y demora de los procesos, la venganza con artificios leguleyos, la venalidad de los administradores de justicia, así como otras arbitrariedades.

Las noticias sobre la injusticia son tantas que terminan siendo normalizadas; no nos sorprenden, ya nadie se escandaliza de ellas. El ciudadano peruano es de memoria corta, rápidamente se olvida de los hechos y abusos del poder. Los actos dolosos o no dolosos que cometen los justiciables son noticia hasta que terminan encarcelándolos, sean culpables o inocentes. Luego, la población se olvida. Esta falta de memoria permite que se repitan las arbitrariedades. En nuestro país, los juicios en apariencia complejos demoran veinte, treinta y hasta cuarenta años. ¡Increíble!

La responsabilidad de los fiscales y jueces que administran justicia es similar a la de los médicos cirujanos cuando operan, ya que en sus manos está la vida o muerte de los justiciables. Un ser privado de su libertad de manera injusta puede morir en vida o ser llevado a la verdadera muerte; por lo tanto, es necesario que tomen conciencia de ello. No pueden ocultarse tras el criterio de conciencia e independencia para acusar o sentenciar de forma abusiva, sin elementos de convicción suficientes y sin pruebas debidamente corroboradas y confiables.

Si desconfiamos de los administradores de justicia ante tanta corrupción, es necesario que los padres de familia siembren en sus hijos el valor de la justicia, la valentía para defender sus derechos y el hacerse cargo de sus obligaciones como futuros ciudadanos. Es urgente formar nuevos peruanos conscientes de su papel, para tratar de cambiar el funesto destino de nuestro país. Tengamos presente que hace más de cuarenta años desde que vivimos una gran crisis de valores que viene arrastrándonos al abismo.

Para concluir, dejo sentado que todo lo comentado pronto podría ser parte del pasado y estará la justicia en manos de los verdaderos fiscales y jueces; para ello, será necesario que formemos una nueva generación de profesionales del derecho que cumplan con su juramento de perseguir el delito buscando la verdad y no utilizar el arma de la administración de justicia para abusar y desprestigiar tan noble y necesario propósito. **¡Queremos justicia verdadera!**

Conclusiones

El sistema judicial siempre ha estado y está expuesto a ser manipulado por el poder político de turno, tanto como la SUNAT, la Contraloría General de la República y otros agentes. Un sistema proclive a la corrupción no genera confianza y estabilidad emocional en los justiciables.

La corrupción es consustancial a la naturaleza humana. Puede neutralizarse cuando la fortaleza de la moral de los valores inculcados en el hogar y en la formación social es sólida y consistente; pero está demostrado que siempre existirán los corruptos y corruptores mientras cunda la impunidad y el uso del poder excesivo.

Es posible que el sistema judicial se autorregule y que se sancione oportuna y debidamente a los administradores de justicia corruptos o venales, mientras no prime el mal aplicado espíritu de cuerpo y no se reconozca como un sistema que atraviesa una enfermedad autoinmune por carencia de valores y principios. ¡Para empezar a curarse es necesario reconocer que se está enfermo!

En la actualidad, el deterioro del sistema judicial es tan evidente que ya no se libra ninguna de las instituciones que lo conforman. La corrupción ha crecido de forma exponencial, lo que pone el sistema al borde del colapso.

La carga procesal se incrementa cada vez más debido a que se admiten denuncias sin indicios razonables de que se haya cometido un delito, de lo que abusan los ciudadanos para extorsionar a justiciables inocentes, con el consecuente gasto del Estado y pérdida de tiempo de los administradores de justicia.

Presentar denuncias tendenciosas o falsas se ha convertido en un medio malévolo para manchar honras, sobre todo la de funcionarios públicos, a quienes consideran sus enemigos políticos. Llevan el daño ocasionado a estas personas como un baldón por tiempo indeterminado y se corre también el riesgo de que pierdan su trabajo o impedir conseguir otro. Basta con aparecer denunciado para ser discriminado de cualquier empleo, aunque al final se resulte absuelto.

La Policía Nacional de apoyo a la justicia no se encuentra lo suficientemente capacitada para evitar investigaciones defectuosas o errores que dificulten la labor del Ministerio Público y el Poder Judicial. Lo mismo acontece con los fiscales que se seleccionan sin los requisitos mínimos para administrar justicia.

Si se garantizara la invulnerabilidad de quienes luchan por la justicia y la verdad, otro sería el resultado; pero si en una sociedad quien denuncia y combate la corrupción, el robo, los asaltos y el crimen en general se convierte de la noche a la mañana de acusador en acusado, nada bueno podemos esperar. ¡La solución no pasa por eliminar al mensajero cuando nos trae malas noticias!

El servicio de la Morgue está colapsado y lo advertí en el año 1996. Cada vez está en peores condiciones.

Recomendaciones

Es urgente que el sistema judicial se autorreforme partiendo de la renovación total de sus actuales autoridades, designando nuevos cuadros.

Un organismo público multidisciplinario debe encargarse de seleccionar, nombrar, evaluar y destituir a los magistrados, desapareciendo las ratificaciones periódicas. Este organismo no solo debe ser integrado por abogados, sino también por representantes calificados de la sociedad civil y de otras profesiones.

Debe establecerse la línea de carrera judicial donde ingresen los abogados desde secretarios especializados y vayan ascendiendo en la escala por méritos y años de servicios. Esta línea de carrera se aplicaría tanto a los jueces como a los fiscales, sin que ello atente contra su independencia y autonomía en el ejercicio de su función jurisdiccional.

El ascenso a fiscales y vocales supremos tiene que ser debidamente documentado y sustentado en audiencia pública, y los resultados deben difundirse para conocimiento y tacha de la ciudadanía.

Cuando un alto magistrado llegue a presidente de la Corte Suprema o de la Junta de Fiscales Supremos, debe pasar al retiro sin tener en consideración su edad o tiempo de servicios; así se evitaría la «puerta giratoria» y «el hoy por ti, mañana por mí».

La Academia de la Magistratura debe continuar operando para brindar capacitación especializada de alto nivel a los fiscales y jueces en el ejercicio de la función jurisdiccional.

Las sanciones a los fiscales y jueces corruptos deben ser más drásticas, al igual que para cualquier justiciable. No puede aceptarse que los magistrados sean castigados solo con la expulsión del Ministerio Público y del Poder Judicial. Según la gravedad del hecho de corrupción, también deben merecer la cancelación de su título profesional y hasta carcelería

Los Códigos Civil y Penal, así como los procedimientos correspondientes, tienen que ser revisados y racionalizados con miras a eliminar procesos engorrosos y que contribuyen a dilatar las investigaciones y juicios. Con esta medida se aliviaría la carga procesal.

Las denuncias que se detecten como tendenciosas y/o falsas, sin los sustentos o indicios razonables de comisión de delito, presentadas por cualquier ciudadano y luego admitidas por los magistrados, tienen que merecer sanción e indemnización por parte del Estado a favor del denunciado o presunto delincuente que resulte inocente. Con esta medida se evitará que se recargue y se entorpezca la administración de justicia. Tan responsables y sancionados deben ser quienes presenten este tipo de denuncias como los fiscales que las admitan y los jueces que las amparen.

Los plazos para que los fiscales y jueces denuncien y sentencien a los justiciables también tienen que ser revisados para que no se dilaten en exceso y se atente contra el honor y la libertad de las personas denunciadas.

Todos los magistrados integrantes del sistema judicial deben presentar declaración anual de bienes y rentas, figurando las mismas en un registro especial de la SUNAT y de la Contraloría General de la República. Cada año se sortearían esas declaraciones juradas para que el 10 % de ellas sean sometidas a fiscalización.

Toda bonificación especial sobre el sueldo de los magistrados debe ser entregada con cargo a rendir cuenta documentada. La rendición del gasto tiene que estar directamente vinculada al ejercicio de la función. No cabe otorgar a los magistrados asignaciones para gastos de representación o de libre disposición.

Es necesario sistematizar y digitalizar la labor administrativa de apoyo a la gestión jurisdiccional, adecuándola a los tiempos modernos, con personal capacitado y profesionales de otras ramas, además del derecho.

Debe introducirse en la carrera profesional de abogado la especialidad de la Magistratura para la buena formación de fiscales y jueces.

Las facultades de Derecho y Ciencia Política de las universidades tienen que enfatizar en los currículos la responsabilidad de los futuros abogados en el ejercicio ético de la profesión, desterrar las malas artes de dilatar de forma injustificada los procesos, lo que encarece la justicia y perjudica a los justiciables.

La reforma del sistema de justicia tiene que abarcar, en mayor o menor medida, a la JNJ, el Ministerio Público, el Poder Judicial, la PNP, el INPE, el Ministerio de Justicia y el currículo de las facultades de Derecho de las universidades.

Es preciso evaluar la posibilidad de tercerizar el servicio de la Morgue, para asegurar su buen funcionamiento con las condiciones mínimas de garantía de las necropsias.

Secretario Ejecutivo del Ministerio Público anunció frontal reorganización

Los fiscales adquirirán un nuevo rol dinámico y serán los promotores de una buena administración de justicia. Serán competentes e idóneos y recibirán mejoras en sus remuneraciones, anunció ayer el secretario ejecutivo de la Comisión Ejecutiva del Ministerio Público, licenciado Luis Alberto Dávila Dávila.

En conferencia de prensa bosquejó el trabajo que ha empezado a desarrollar para la reestructuración del Ministerio Público, el cual abarcará tres etapas. La primera de ellas, dijo, ya comenzó y se extenderá hasta fines de año. La segunda involucrará todo el año 1997 y estará destinada a implementar todos los programas básicos de la reforma administrativa de ese organismo. La tercera consistirá en la evaluación y la implantación de correctivos, de tal manera que la reforma misma no tenga vía de retroceso.

Informó que el Ministerio Público tiene 2 mil 476 empleados, de los cuales mil 43 son fiscales. "Si aplicáramos las nuevas directrices en este momento, habría que triplicar el número de fiscales: pero aún no estamos preparados para ese paso", dijo.

Reiteró que el proceso de reforma administrativa del Ministerio Público no se hace únicamente por mandato de la ley, sino por las necesidades imperiosas que tiene el organismo.

Expuso que se ha iniciado un programa de evaluación del personal. "Habrá personal excedente que tendrá que salir. Ellos serán compensados con un programa de incentivos", anunció.

Recalcó la necesidad de llevar un mejor plan de trabajo concertando con instituciones afines como el Poder Judicial, el Ministerio de Justicia, el INPE, la Policía Nacional, la Defensoría del Pueblo, universidades, el Consejo Nacional de la Magistratura o la Academia de la Magistratura.

Dio a conocer que recientemente se reunió con unos 300 fiscales del área de Lima, quienes expresaron su total apoyo a la reforma administrativa del Ministerio Público.

Mencionó que una vez realizados los cambios se podrá duplicar los sueldos del personal que se mantenga estable proporcionándoles 16 sueldos al año, salvo los casos de incompetencia manifiesta y falta de idoneidad para la función.

También dijo que se cuidará en todo momento de desterrar la corrupción asegurando que el personal no maneje a su libre arbitrio los asuntos con los usuarios o justiciables y que éste sepa a qué atenerse realmente para obtener el resultado de sus gestiones.

Otra referencia que hizo fue respecto a la práctica del nepotismo. "Si bien hemos visto que no es tan frondosa como en el Poder Judicial, pero existe al fin de cuentas y creemos que debemos cortar por lo sano este tipo de proclividad al dolo", acotó.

LA REFORMA DEL MINISTERIO PUBLICO

A la par de lo que acontece con el Poder Judicial, el Ministerio Público (MP) ha iniciado este mes un proceso de reformas, que comprende tres fases y busca hacer más eficiente esa institución, que tiene como objetivo garantizar a la sociedad civil y ejercitar la acción penal cuando se vulneran los derechos ciudadanos.

Según informó el secretario ejecutivo de la Comisión Ejecutiva del Ministerio Público, Luis Alberto Dávila, se tiene previsto aplicar un Plan Maestro en tres etapas, que se desarrollará hasta diciembre de 1998, fecha a partir de la cual se pondrá en marcha un plan estratégico, de seguimiento, evaluación y retroalimentación.

La reforma del MP comprende la racionalización administrativa, que busca mejorar las remuneraciones de los auxiliares. Además, se hará el diagnóstico de la nueva función que corresponderá a los fiscales según el nuevo Código Procesal Penal. Mediante el perfil del profesional requerido y la respectiva capacitación se les adecuará a su nuevo rol, ya que él en adelante asume la función importante de dirigir la investigación judicial, con apoyo de la Policía Nacional, mientras que el juez de-

jará esa labor, que la viene llevando a cabo hasta ahora, para tener a su cargo la que le corresponde; vale decir, de juzgador.

Este proceso también comprende la modernización del Ministerio Público, mediante la adquisición de sistemas informáticos, así como la integración de éste a la Internet y la Red Científica Peruana. Todo ello requiere el apoyo presupuestal del gobierno, y se ha solicitado 30 millones de nuevos soles al Ministerio de Economía, para este propósito.

Debemos destacar la voluntad de cambio de esta institución que junto con la Policía Nacional del Perú tiene un rol fundamental en la prevención y sanción del delito. Por ello, es necesario que también la PNP alcance niveles de reciclaje que le permitan complementar de manera adecuada la labor de los fiscales.

La reforma en mención requerirá, probablemente, de una nueva Ley Orgánica del Ministerio Público, en la cual se recojan las experiencias logradas. Cuando llegue ese momento, sería conveniente que el anteproyecto se publique en el diario oficial con la anticipación debida, para que los sectores interesados puedan dar sus aportes.

Pág. 4 ★ OJO - Lima, miércoles 17 de julio de 1996
Es una publicación de
Empresa Periodística Nacional S.A.
Jr. Jorge Salazar Araoz 171
Urbanización Santa Catalina
La Victoria ☎ 470 9696- Fax: 476 1605 - 224 7717

OJO EDI

Dato político

● **REORGANIZACIÓN.- Según una resolución reciente, por la que se aprueba el Reglamento de Organización y Funciones de la Comisión Ejecutiva del Ministerio Público, el secretario ejecutivo es un elemento clave que se encargará de la reorganización, racionalización administrativa, programa de renuncias voluntarias con incentivos y cambio de régimen laboral para el personal. El secretario ejecutivo, cargo desempeñado por el licenciado Luis Alberto Dávila Dávila, es además titular del pliego y quien ejerce la representación institucional del Ministerio Público y todo lo relacionado con la ejecución presupuestal y administración de personal.**

Luis Dávila

Luis Alberto Dávila Dávila, como secretario ejecutivo de la Comisión Ejecutiva del Ministerio Público, tendrá rango de fiscal supremo. Entre sus funciones, está proponer la Ley Orgánica del Ministerio Público, reformar el sistema de fiscales, el despacho fiscal y la carrera fiscal.

Ministerio Público destaca misión encargada a su secretario ejecutivo

El Ministerio Público destacó ayer la función que ejercerá el secretario ejecutivo de la Comisión Ejecutiva de este pliego en su reorganización, racionalización administrativa, programa de renuncias voluntarias con incentivos, bases para la evaluación y cambio de régimen laboral para el personal.

Dicho cargo es ejercido por el licenciado Luis Alberto Dávila Dávila, quien como titular del pliego y funcionario de mayor nivel jerárquico en la Comisión Ejecutiva, ejercerá la representación institucional del Ministerio Público y todo lo relacionado con la ejecución presupuestal y de administración de personal.

Además establecerá y aprobará por resolución administrativa la estructura orgánica de la Secretaría Ejecutiva, que comprende a la Gerencia General, la creación de una Gerencia Ejecutiva de Proyectos para llevar adelante el proceso de reforma y de un Gabinete Técnico encargado del asesoramiento, evaluación y seguimiento de dicho proceso.

Con rango de fiscal supremo, el licenciado Dávila Dávila tiene como secretario ejecutivo la función de proponer la Ley Orgánica del Ministerio Público. También, reformar el sistema de fiscales, el despacho fiscal, la carrera fiscal y el sistema de control del Ministerio Público.

La disposición al respecto fue suscrita por la fiscal de la Nación, Blanca Nélida Colán Maguiño, y por los fiscales supremos Pedro Pablo Gutiérrez Ferreyra y José Clodomiro Chávez Valderrama.

Comisión Ejecutiva del
Ministerio Público
SECRETARÍA DE ACTAS

RECIBIDO
SECRETARÍA EJECUTIVA DEL MINISTERIO PÚBLICO
No. Reg. 374

OFICIO N° 386-96-SA-CEMP

Lima, 25 de julio de 1996

Señor Lic.
LUIS DAVILA DAVILA
Secretario Ejecutivo de la
Comisión Ejecutiva del
Ministerio Público
PRESENTE.-

Tengo el agrado de dirigirme a usted, comunicándole que la Comisión Ejecutiva en sesión de la fecha, acordó por unanimidad, solicitarle se sirva informar en el día, sobre el contenido de la nota periodística aparecida en la primera y tercera página del diario "La República", bajo el título de **"Ministerio Público destituirá a grupo de fiscales alcoholicos y drogadictos"**, así mismo, se nos haga llegar la relación de Fiscales alcoholicos y drogadictos a que hace referencia el indicado diario por presuntas declaraciones vertidas por su persona.

Válgome de la oportunidad para expresarle los sentimientos de mi mayor deferencia.

Dios guarde a usted,

Dra. BLANCA NELIDA COLAN MAGUIÑO
FISCAL DE LA NACION
Presidenta de la Comisión Ejecutiva del Ministerio Público

La República

Director: Gustavo Mohme Ll. Año 15 Nº 5.320 — Perú, Viernes 26 de Julio de 1996 Precio: S/. 1.30

Ministerio Público denuncia

HAY FISCALES DROGADICTOS

- Serán destituidos al igual que los que son alcohólicos
- Harán operativos para sorprenderlos in fraganti

El Comercio

A16 Lima, miércoles 31 de julio de 1996

policial

Comandantes del 'Ilo' y 'Matarani' están detenidos en Base Naval del Callao

En la Base Naval del Callao se encuentran detenidos los dos comandantes de los buques de la Marina de Guerra del Perú, BAP 'Ilo' y BAP 'Matarani', por mandato del Consejo Supremo de Justicia Militar.

En las referidas embarcaciones fueron encontrados, en sucesivos hallazgos, un total de 150 kilos de clorhidrato de cocaína, envueltos en paquetes y escondidos en diversos compartimentos.

Los jefes de las citadas naves, Angelo Cordano Gallegos ('Ilo') y Pedro Gómez Cornejo ('Matarani'), se encuentran en ambientes especiales de la Base Naval del Callao, sometidos a restricciones propias de su condición de detenidos.

Ellos se encontraban al mando de dichas naves cargueras cuando se produjeron los embarques de droga que posteriormente se decomisaron, tanto por la policía aduanera canadiense, como por el Ministerio Público peruano y por la propia Marina de Guerra del Perú, que decidió inspeccionar a fondo los navíos.

Una fuente del CSJM informó que las detenciones fueron ordenadas porque ambos habrían cometido delitos contra los deberes de función, negligencia y por no poner en ejecución las adecuadas medidas de seguridad en los buques bajo su mando.

No se informó si el mandato de detención contra los dos comandantes, es de carácter provisional o definitivo.

Telefoto: PEDRO CARDENAS, enviado especial

La jefa del Ministerio Público ha concluído su inspección y abandona el BAP Matarani con su comitiva y su equipo de seguridad. En la foto aparecen también la fiscal ad hoc Magda Atto Mendives y un grupo de fiscales adjuntos.

FISCALIA DE LA NACION
Oficina de Prensa y Relaciones Públicas
Diario [X] Revista [ ] Periódico [ ]
Medio de Comunicación El Sol
Fecha 28 de Julio 1996
Página ... Vo. Bo.

Detienen a 10 marinos

Cuatro son tripulantes del BAP Ilo y los otros seis del BAP Matarani, por caso de embarques de droga

JOSE L. DIAZ *El Sol*

EL SOL: Cesar Cox (Enviado Especial)

■ El BAP MATARANI *fue intervenido ayer por la fiscalía. Hay más detenciones entre la tripulación.*

Lima.- La fiscal Rosario Carpio Cortez que investiga el hallazgo de droga en el buque de la Armada Peruana "Ilo", ordenó la detención de otros diez miembros de la Marina de Guerra del Perú, tras haberse encontrado suficientes indicios que los vinculan directamente con el tráfico ilícito de drogas.

Mientras tanto, en el puerto de Matarani fue intervenido por la fiscal el BAP del mismo nombre, y se ha dado la orden de detención de seis de sus tripulantes por suficientes indicios de estar involucrados con la mafia del narcotráfico.

En ambos casos participaron detectives de la Dirección Nacional Antidrogas (Dinandro), unidad policial que dirige el general PNP Luis Pérrigo Pérrigo.

Los detenidos empezarán a ser interrogados en breve por la fiscal Rosario Carpio con la finalidad de establecer su nivel de responsabilidades al interior de la organización que se infiltró en esa institución armada. (Ver Pág. 3-A)

Oficiales están implicados en hallazgo de droga en BAP "Ilo"

Personal oficial de la Marina también fue involucrado en la denuncia penal por el supuesto delito de tráfico de drogas interpuesta por la fiscal que investiga el hallazgo de droga en el BAP Ilo. La fiscal de la Nación, Blanca Nélida Colán dijo que son entre cuatro y cinco los efectivos de la Marina de Guerra que fueron denunciados.

■ Según informó, la denuncia fue formulada el pasado viernes por la fiscal que investiga el hallazgo de cargamentos de droga en el BAP Ilo, Rosario Carpio Cortez, titular de la Primera Fiscalía Provincial del Callao.

"Yo preferiría no entrar en el detalle sobre los grados", comentó Colán Maguiño, sin embargo, ante la insistencia de la prensa sobre la inclusión de oficiales en la denuncia, anotó, "sí hay implicados".

Sobre la posibilidad de una ampliación de la denuncia presentada por la fiscal del primer puerto, Colán Maguiño dijo que esto dependerá de la información que proporcionen los militares implicados, así como de la confrontación de testimonios y eventualmente de las pruebas que puedan reunirse.

Matarani

Respecto al BAP Matarani, dijo que ayer, la fiscal ad hoc del caso, Magda Atto Mendives se dedicaría a tomar las primeras declaraciones a los 56 integrantes de la tripulación de la mencionada embarcación para verificar si los paquetes hallados corresponden a drogas o no.

Dijo que en ambos casos-tanto del BAP Ilo como el BAP Matarani- la investigación determinará el grado de responsabilidad y la participación que tenían los oficiales y subalternos implicados.

La fiscal dijo que todavía no se puede afirmar cuántos implicados existen en el caso del BAP Matarani, pero aseguró que todos los miembros de la tripulación se encuentran a disposición de la titular de la 14° Fiscalía Provincial de Lima, nombrada para investigar este caso.

Agregó que las instalaciones del Matarani también se encuentran a disposición de las indagaciones que realiza la fiscal ad hoc.

La fiscal de la Nación aseguró que las investigaciones no se detendrán ni siquiera por las actividades festivas de 28 de Julio.

Indulto

De otro lado, el presidente Alberto Fujimori concedió el indultó a 53 sentenciados correspondientes a doce establecimientos penitenciarios del país.

Como se sabe, es una tradición que el mandatario en uso de las facultades que le otorga la Constitución indulte las penas a los reos con motivos de las Fiestas Patrias.

Tres de los indultados pertenecen al Penal de Procesados Primarios de Lima, dos del Callao, 23 del penal de Lurigancho, uno de la cárcel de Trujillo, dos reos de Huamancaca (Huancayo) y uno de la cárcel de La Merced en Chanchamayo.

Otros diez internos corresponden al penal de Socabaya, uno del centro de rehabilitación de Islay, dos de la cárcel de mujeres de Yanahuara, seis de Quenqoro, uno de Puno y uno de Huánuco.

incentivos

abajadores

tración de la justicia. ... morgue central para la autopsia de ley. Posteriormente se velaron en la capilla de la parroquia Medalla Milagrosa, en Miraflores. (J. Fonseca)

como el quinto miembro de las fuerzas armadas con mayor poder, no obstante que este asesor presidencial no integra precisamente las FF AA", señala la citada publicación.

Secretaría Ejecutiva del Ministerio Público

FISCALIA DE LA NACION
Secretaría General
01 AGO. 1996
RECIBIDO
HORA....... FOLIO.......

Lima, 31 de julio de 1996

Oficio N°055 -96-SE-TP-CE-MP

Señorita Doctora
BLANCA NELIDA COLAN MAGUIÑO
Presidente de la Comisión Ejecutiva
del Ministerio Público
Presente

Tengo el agrado de dirigirme a usted, a fin de informar a la Comisión Ejecutiva de su digna Presidencia, lo relacionado en su Oficio No. 386-96-SA-CEMP, de fecha 25 de julio de 1996, recibido en esta Secretaria Ejecutiva con fecha 26 de julio de 1996.

Se me pide que informe sobre el contenido de una nota periodística aparecida en el diario "La República", bajo el título "**Ministerio Público destituirá a grupos de fiscales alcohólicos y drogatictos**"; sobre dicha nota y la relación que se solicita, sin ánimo de ser sarcástico, habría que pedírsela al propio diario; pues yo sólo puedo referirme a mis declaraciones y sobre su intención, y no sobre la interpretación que los periodistas le den a las mismas.

Sobre el tema y las declaraciones vertidas por mi, textualmente se dijo "...**me he encontrado con casos de más de un fiscal con problemas de alcoholismo ...de drogadicción**..."; y esto dentro de un análisis sobre la situación en que se encuentra el Ministerio Público y que ha motivado que se disponga su inmediata reorganización.

Declaraciones que se fundamentan en casos concretos, como es el contenido en el expediente Nº 2758-96 adjunto al Oficio Nº 337-96-MP-F.SUPR.C.I., de fecha 17.07.96, dirigido por la Fiscalía Suprema de Control Interno a la Fiscalía de Nación; el del Oficio Nº 092-96-3ª FSM-PUNO, de fecha 20 de junio de 1996, al Fiscal

MINISTERIO PÚBLICO - Secretaría Ejecutiva

Adjunto Supremo de la Fiscalía Suprema de Control Interno, son cuando menos los casos que hacen la pluralidad que referí en mis declaraciones.

Del Oficio Nº 337-96 antes mencionado tiene conocimiento la señorita Fiscal de la Nación y a dicho caso se refiere la Fiscal Supremo de Control Interno en sus declaraciones al Diario "La República" de la fecha bajo el título "Sólo hay un caso de alcoholismo". De otro lado, sus declaraciones deben obedecer no tanto a lo periodístico sino a lo interno, pues por mi Oficio 030-96-SE-TP-CE-MP, su fecha 19 de julio de 1996, le he solicitado me informe la relación de los fiscales que se encuentran denunciados, la situación de las correspondientes investigaciones y en su caso, las sanciones impuestas.

Sobre lo solicitado a la Fiscalía Suprema de Control Interno, es ocioso decir que no ha habido respuesta alguna; pero esta Secretaría Ejecutiva cuenta con la relación de denuncias y quejas por Distritos Judiciales, en la que consta fiscales con más de una denuncia o queja; hay en el distrito judicial de Ayacucho un fiscal que tiene 13 quejas y 10 denuncias, otro en Cajamarca con 11 denuncias, otro en Apurimac con 6 y así a lo largo del territorio nacional.

El suscrito no ha mencionado ni "grupos" ni "listas o relaciones", ni ha señalado nombres, sino se habla de casos ("...mas de un caso...") por lo que mal se le puede pedir como lo hace el Oficio que origina esta respuesta, que informe sobre lo que es materia de desproporción entre lo declarado y la interpretación periodística, que no oculta una suerte de sensacionalismo. Pero estando al párrafo anterior, las relaciones de denunciados y fiscales en problemas, deben ser proporcionadas a la Comisión Ejecutiva por la Fiscalía Suprema de Control Interno.

Dejarse llevar por el sensacionalismo y el afán protagónico, lastiman la unidad monolítica que debe prevalecer en beneficio del Proyecto de Reorganización, Racionalización, Reordenamiento y Modernización del Ministerio Público que por Ley nos han encomendado, tanto al Secretario Ejecutivo como a los miembros de la

Comisión Ejecutiva. Insistir en esta posición equivale a oponerse al cambio y a la moralización.

La razón que me lleva al presente informe, me obliga a invitar a una reflexión, pues los responsables del cambio debemos evitar entrar en contradicciones ante el análisis de la realidad de nuestra institución; más aún cuando se pretende negar las irregularidades y deficiencias materiales y humanas en el Sistema Judicial peruano, cuya existencia es de conocimiento público y su realidad a originado la dación de la Leyes N° 26546 y N° 26623.

La Ley N° 26623, como lo fue en su oportunidad la Ley N° 26546, no es producto de la azar o la improvisación, o la ocurrencia de nadie en particular, sino el resultado de haberse llegado, a la necesidad vital de cambio, conscientes que los organismos comprendidos en el Sistema Nacional de Justicia (Poder Judicial, Ministerio Público y Consejo Nacional de la Magistratura) adolecen de deficiencias materiales y humanas que son necesario corregir a fin de lograr una eficiente administración de justicia que garantice la seguridad jurídica y la tranquilidad ciudadana. Esta es la meta, lo demás es anecdótico e intranscendente.

Sin otro particular, hago propicia la oportunidad la oportunidad para reiterar a usted, y a los miembros de la Comisión Ejecutiva, los sentimientos de mi mayor consideración.

Lic. LUIS ALBERTO DAVILA DAVILA
SECRETARIO EJECUTIVO

REPÚBLICA DEL PERÚ

Resolución de la Comisión Ejecutiva del Ministerio Público

Nº 88 -96-MP-FN-CEMP

Lima, 01 de Agosto de 1996

VISTO Y CONSIDERANDO:

Que, estando al contenido del Oficio Nº 055-96-SE-TP-CE-MP de fecha 31 de Julio de 1996, recepcionado por la Secretaría General de la Fiscalía de la Nación con fecha 01 de Agosto de 1996, del Licenciado Luis Alberto Dávila Dávila, Secretario Ejecutivo de la Comisión Ejecutiva del Ministerio Público, con relación al oficio Nº 386-96-SA-CEMP de fecha 25 de Julio de 1996, cursado por la Fiscal de la Nación y Presidenta de la Comisión Ejecutiva del Ministerio Público, en cumplimiento del Acuerdo Nº 250, en el cual manifiesta que con respecto al titular publicado en el Diario "La República" **"MINISTERIO PÚBLICO DESTITUIRÁ A GRUPO DE FISCALES ALCOHOLICOS Y DROGADICTOS"**, **"Sin ánimo de ser sarcástico, habría que pedírsela al propio diario"**; y con relación a sus declaraciones vertidas textualmente dijo **"Me he encontrado con casos de más de un Fiscal con problemas de alcoholismo... de drogadicción..."** " **y esto dentro de un análisis sobre la situación en que se encuentra el Ministerio Público y que ha motivado que se disponga su inmediata reorganización"**. Que el expediente al que hace referencia Nº 2758-96 adjunto al Oficio Nº 337-96-MP-F.SUPR.C.I., ingresó al Despacho de la Fiscalía de la Nación con fecha 17 de Julio de 1996, el mismo que fué devuelto a la Fiscalía Suprema de Control Interno, ingresando nuevamente mediante Oficio Nº 347-96-MP-FN-F.SUPR.C.I. recién el 31 de Julio de 1996; y el Oficio Nº 092-96-3ªFSM-PUNO, se encuentra en pleno trámite en la Oficina de la Fiscalía Suprema de Control Interno, sin indicarse a que hecho se refiere según la copia del oficio que se remite. Que asimismo, el mencionado Secretario Ejecutivo de manera genérica hace referencia de quejas y denuncias que existen por Distritos Judiciales las mismas que se encuentran en trámite ante la Fiscalía Suprema de Control Interno, que del tenor de su informe manifiesta que las relaciones de denunciados y Fiscales en problemas deben ser proporcionadas a la Comisión Ejecutiva del Ministerio Público por la Fiscalía Suprema de Control Interno; que la Comisión Ejecutiva del Ministerio Público en ejercicio de sus funciones a quien ha pedido informe es al Secretario Ejecutivo del Ministerio Público en vista de las declaraciones difundidas en diversos medios de comunicación social, conforme aparece de los recortes periodísticos que el mencionado Secretario Ejecutivo acompaña en su informe. Que considerando que las palabras vertidas **"Dejarse llevar por el sensacionalismo y el afán protagónico, lastiman la unidad monolítica que debe prevalecer en beneficio del Proyecto de Reorganización, Racionalización, Reordenamiento y**

Modernización del Ministerio Público, que por Ley nos han encomendado tanto al Secretario Ejecutivo como a los Miembros de la Comisión Ejecutiva, insistir en esta posición equivale a oponerse al cambio y a la moralización" deben ser testadas por cuanto agravian la majestad de la Comisión Ejecutiva del Ministerio Público; que asimismo la invitación que hace el Secretario Ejecutivo a una reflexión alegando que los responsables del cambio **"debemos evitar entrar en contradicciones ante el análisis de la realidad de nuestra institución; más aún cuando se pretende negar las irregularidades y deficiencias materiales y humanas en el Sistema Judicial Peruano cuya existencia es de conocimiento público y su realidad ha originado la dación de las Leyes 26546 y 26623"**, constituye falta grave de respeto a los Miembros de la Comisión Ejecutiva del Ministerio Público, trasluciendo por parte del Licenciado Luis Alberto Dávila Dávila, carencia de condiciones profesionales y personales, que lo hacen inidóneo, para el cargo que actualmente desempeña. Estando a las Disposiciones Transitorias, Complementarias y Finales- Segunda y Tercera letra "g" de la Ley N° 26623, de fecha 18 de Junio de 1996, donde expresamente se establece que la Comisión Ejecutiva del Ministerio Público ejerce su autoridad a todos los funcionarios del Ministerio Público cualquiera sea su categoría y actividad funcional especializada y a lo acordado por unanimidad en Sesión de la fecha.

De conformidad con la dispuesto en la Ley N° 26623.

SE RESUELVE:

Artículo Primero.- Dar por concluído a partir de la fecha el nombramiento del Licenciado Luis Alberto Dávila Dávila como Secretario Ejecutivo de la Comisión Ejecutiva del Ministerio Público, nombrado por Resolución de la Comisión Ejecutiva del Ministerio Público N° 002-96-MP-FN-CEMP de fecha 28 de Junio de 1996.

Artículo Segundo.- Poner en conocimiento del Señor Presidente del Consejo de Coordinación Judicial, la presente resolución para los fines pertinentes.

Regístrese, comuníquese y publíquese.

DRA. BLANCA NELIDA COLAN MAGUIÑO
FISCAL DE LA NACION
PRESIDENTA DE LA COMISION EJECUTIVA
DEL MINISTERIO PUBLICO

DR. PEDRO PABLO GUTIERREZ FERREYRA
FISCAL SUPREMO
MIEMBRO DE LA COMISION EJECUTIVA
DEL MINISTERIO PUBLICO

DR. CLODOMIRO CHAVEZ VALDERRAMA
FISCAL SUPREMO
MIEMBRO DE LA COMISION EJECUTIVA
DEL MINISTERIO PUBLICO

DENUNCIA PENAL.-

A LA FISCALIA PROVINCIAL PENAL DE TURNO:

SANTIAGO SANGUINETI GALINDO, identificado con Libreta Electoral Nº 08268500, Presidente del Comité contra la Corrupción, señalando domicilio procesal en la Casilla Nº 1273 del Ilustre Colegio de Abogados de Lima, atentamente digo:

Que, en cumplimiento del deber moral y legal de preservar la dignidad y el decoro de la señorita Fiscal de la Nación, doctora **BLANCA NELIDA COLAN MAGUIÑO**, y de los señores Fiscales Supremos del Ministerio Público, doctores, **PEDRO PABLO GUTIERREZ FERREYRA** y **CLODOMIRO CHAVEZ VALDERRAMA**, Presidenta y Miembros de la Comisión Ejecutiva del Ministerio Público, Y DEMAS **FISCALES DE LAS TRES INSTANCIAS DEL MINISTERIO PUBLICO** y evitar que el denunciado continúe ofendiéndolos públicamente utilizando algunos medios de comunicación social, en especial el diario **LA REPUBLICA**, a causa del ejercicio de sus funciones y al tiempo de ejercerlas; al amparo de lo dispuesto por los incisos 1 y 5 del Art.159º de la Constitución Política del Perú, del Art.11º y demás aplicables del Decreto Legisativo Nº 052 Ley Orgánica del Ministerio Público y del Art. 76º del Código de Procedimientos Penales, interpongo **DENUNCIA PENAL** contra **LUIS ALBERTO DAVILA DAVILA**, ex-Secretario Ejecutivo de la Comisión Ejecutiva del Ministerio Público, cuyo domicilio particular deberá ser proporcionado por la Secretaría General del Ministerio Público.

Lo denuncio por ser responsable de la comisión del delito **CONTRA LA ADMINISTRACION PUBLICA**, en la modalidad de **DESACATO**, que ha cometido en agravio de la señorita Fiscal de la Nación, doctora **BLANCA NELIDA COLAN MAGUIÑO** y de los señores Fiscales Supremos del Ministerio Público, doctores, **PEDRO PABLO GUTIERREZ FERREYROS**, y **CLODOMIRO CHAVEZ VALDERRAMA**, quienes han sido ofendidos por el denunciado, en su dignidad y decoro, como Presidenta y Miembros de la Comisión Ejecutiva del Ministerio Público, a causa del ejercicio de sus funciones y al tiempo de ejercerlas, **en agravio de LOS DEMAS FISCALES DE LAS TRES INSTANCIAS DEL MINISTERIO PUBLICO**, quienes también has sido ofendidos por el denunciado, al calificarlos genéricamente de **"ALCOHOLICOS Y DROGADICTOS"**, **y en agravio del ESTADO PERUANO**. El delito denunciado está previsto y san-

sancionado por el Art.374º del Código Penal y es un delito PERSEGUIBLE DE OFICIO, O DENUNCIABLE POR ACCION POPULAR. Sustento la denuncia en las normas constitucionales y legales glosadas y en los siguientes fundamentos de hecho y derecho:

P R I M E R O .- El denunciado se propuso ofender la dignidad y el decoro de los Fiscales de las tres instancias del Ministerio Público, A NIVEL NACIONAL. Es entonces que proporcionó declaraciones y notas de prensa a numerosos medios de comunicación a nivel nacional, afirmando irresponsablemente sobre una existencia generalizada de Fiscales DROGADICTOS Y ALCOHOLICOS a nivel nacional.

S E G U N D O .- Esta declaraciones y notas de prensa motivaron que diversos medios de comunicación (diarios,revistas,estaciones de radio y de TV) publiquen y divulgen informaciones con denigrantes titulares en los que se ofenden e injurian LA DIGNIDAD Y EL DECORO de los Fiscales del Ministerio Público, de las tres instancias y a nivel nacional, A CAUSA DEL EJERCICIO DE SUS FUNCIONES Y AL TIEMPO DE EJERCERLAS. Por ejemplo el diario LA REPUBLCA, publicó en su primera página y a grandes titulares:

"MINISTERIO PUBLICO DESTITUIRA A G R U P O DE FISCALES ALCOHOLICOS Y DROGADICTOS".

Como puede apreciarse, el denunciado utilizó medios de comunicación y notas informativas, para OFENDER LA DIGNIDAD Y EL DECORO de los Fiscales del Ministerio Público, A CAUSA DEL EJERCICIO DE SUS FUNCIONES Y AL TIEMPO DE EJERCERLAS, cometiéndo el delito CONTRA LA ADMINISTRACION PUBLICA, en la modalidad de DESACATO delito previsto y sancionado por el Art.374º del Código Penal.

T E R C E R O .- Ante la extrama gravedad de los hechos, la señorita Fiscal de la Nación en su calidad de Presidenta de la Comisión Ejecutiva del Ministerio Público, con fecha 25 de julio de 1996 le cursó el Oficio Nº 386-96-SACEMP, pidiéndole información sobre las graves acusaciones que había formulado en forma general contra los Fiscales del Ministerio Publico.

El denunciado mediante Oficio Nº 055-96-SE-TP-CE-MP de fecha 31 de julio de 1996, recepcionado por la Secretaría General de la Fiscalía de la Nación el 1 de agosto de 1996, se permite burlarse de los miembros de la Comisión Ejecutiva del Ministerio Público. Con respecto al ofensivo titular del diario LA REPUBLICA contra la dignidad y el decoro de los Fiscales del Ministerio Público en general, al afirmar:

3

" MINISTERIO PUBLICO DESTITUIRA A GRUPO DE FISCALES ALCOHOLICOS Y DROGADICTOS".

En relación a la información que al denunciado le solicitaron los miembros de la Comisión Ejecutiva del Ministerio Público, sobre la identidad del GRUPO de Fiscales "ALCOHOLICOS Y DROGADICTOS" , el denunciado Luis Alberto Dávila Dávila les contestó BURLONAMENTE en su Oficio:

" Sin ánimo de ser SARCASTICO , habría que " pedírsele al propio diario".

Al mismo tiempo se atrevió a formularles a la Presidenta y a los miembros de la Comisión Ejecutiva del Ministerio Público gravísimos cargos como el de:

" DEJARSE LLEVAR POR EL SENSACIONALISMO Y EL " AFAN PROTAGONICO, LASTIMANDO LA UNIDAD " MONOLITICA QUE DEBE PREVALECER EN BENEFI- " CIO DEL PROYECTO DE REORGANIZACION, REORDE- " NAMIENTO Y MODERNIZACION DEL MINISTERIO " PUBLICO". "INSISTIR EN ESTA POSICION EQUI- " VALE A OPONERSE AL CAMBIO Y A LA MORALIZA- " CION".
" DEBEMOS EVITAR ENTRAR EN CONTRADICCIONES " ANTE EL ANALISIS DE LA REALIDAD DE NUESTRA " INSTITUCION".

Estas afirmaciones del denunciado Luis Alberto Dávila Dávila, CONSTITUYEN GRAVISIMO DESACATO en agravio de la señorita Fiscal de la Nación, doctora Blanca Nélida Colán y de los señores Fiscales Supremos, Presidenta y miembros de la Comisión Ejecutiva del Ministerio Público, al ofender la dignidad y el decoro de los mencionados Magistrados, a causa del ejercicio de sus funciones y al tiempo de ejercerlas; que es deber del Ministerio Público PERSEGUIR DE OFICIO, y deber moral de los ciudadanos denunciar por Acción Popular.

P O R T A N T O :

Solicito a la Fiscalía Provincial en lo Penal de Turno, hacer suya la presente denuncia y formalizarla ante el Juez en lo Penal que corresponda, contra LUIS ALBERTO DAVILA DAVILA, por la comisión del delito CONTRA LA ADMINISTRACION PUBLICA, en la modalidad de DESACATO en agravio de la señorita Fiscal de la Nación doctora BLANCA NELIDA COLAN MAGUIÑO, de los Fiscales Supremos, doctores, PEDRO PABLO GUTIERREZ FERREYRA GUTIERREZ, y CLODOMIRO CHAVEZ VALDERRAMA, en su calidad de Presidenta y Miembros de la Comisión Ejecutiva del Ministerio Público, en agravio de LOS FISCALES DEL MI-

NISTERIO PUBLICO de las tres instancias, y en agravio del Estado peruano.

1º OTROSI-DIGO.- Conforme es del conocimiento de su ilustrada persona, el denunciado Luis Alberto Dávila Dávila, ha sido CESADO en su cargo de Secretario Ejecutivo de la Comisión Ejecutiva del Ministerio Público, mediante Resolución de la Comisión Ejecutiva del Ministerio Público **Nº 88-96-MP-FN-CEMP de hoy jueves 1 de agosto de 1996**, que debe ser publicado mañana viernes dos de agosto de 1996 en el diario Oficial El Peruano. Incluso, mediante Resolución Nº 089-96-MP-FN-CEMP de fecha de hoy jueves 1 de agosto de 1996, se ha encargado interinamente como Secretario Ejecutivo de la Comisión Ejecutiva del Ministerio Público, al CPC. don **RICARDO CESAR MENDOZA TORRES.**

Lima, jueves 1 de agosto de 1996.

SANTIAGO SANGUINETI GALINDO
Libreta Electoral Nº 08268500

OJO - Lima, sábado 03 de agosto de 1996 ★ Pág. 9

Destitución de Dávila fue por "lastimar unidad monolítica" del Ministerio Público

BOTAN AL QUE ACUSO FISCALES DE SER BORRACHOS Y COQUEROS

Por haber señalado que dentro del Ministerio Público hay varios fiscales con problemas de alcoholismo y drogadicción, los cuales no deberían estar en funciones, la Fiscalía de la Nación destituyó al secretario ejecutivo de la comisión ejecutiva de esa dependencia, Luis Dávila Dávila.

El funcionario había señalado días atrás que había comprobado la presencia de fiscales alcohólicos y drogadictos, y que por ello se iba a llevar a cabo una inmediata reorganización al interior del Ministerio Público en el más breve plazo.

En la resolución que da por concluido el nombramiento de Dávila Dávila, se señala que las declaraciones del funcionario lastiman la unidad monolítica que debe prevalecer en beneficio del proyecto de reorganización, racionalización, reordenamiento y modernización del Ministerio Público.

Dice también que la denuncia es una grave falta de respeto a los miembros de la comisión ejecutiva, la cual deja en claro "la carencia de condiciones personales y profesionales que harían idóneo a Dávila Dávila para que continúe en el cargo".

Dávila Dávila manifestó públicamente que negar las irregularidades y deficiencias materiales y humanas en el sistema judicial iba contra los objetivos de la pretendida reforma administrativa que el Ministerio Público le encomendó llevar a cabo a partir de 28 de junio último.

Sus apreciaciones provocaron revuelo en medios del Ministerio Público, a tal punto que muchos exigieron su inmediata destitución. (I. Slocovich)

Viernes 2 de agosto de 1996

Cesan a Luis Dávila

◆ A casi un mes de haber asumido sus funciones, fue cesado de su cargo el secretario ejecutivo del Ministerio Público, Luis Dávila Dávila, mediante resolución 088 por falta grave a la Junta de Fiscales.

Dávila Dávila estaba encargado de la reorganización administrativa del Ministerio Público y como tal declaró en días pasados la existencia de algunos fiscales que consumen drogas.

Luego de su polémica afirmación, la fiscal de la Nación, Blanca Nélida Colán, exigió al funcionario revelar la identidad de aquellos fiscales que presenten conductas reñidas con el cargo que ostentan.

La Comisión Ejecutiva del Ministerio Público que le retiró su confianza, está presidida por la fiscal de la Nación e integrada por los vocales supremos Pedro Gutiérrez y Clodomiro Chávez.

Su condición de funcionario de confianza, lo obliga a cesar en sus funciones una vez que la Comisión Ejecutiva le retire su confianza.

Antes de asumir la secretaría ejecutiva del Ministerio Público, Luis Dávila Dávila se desempeñaba como gerente general de la Comisión Ejecutiva del Poder Judicial.

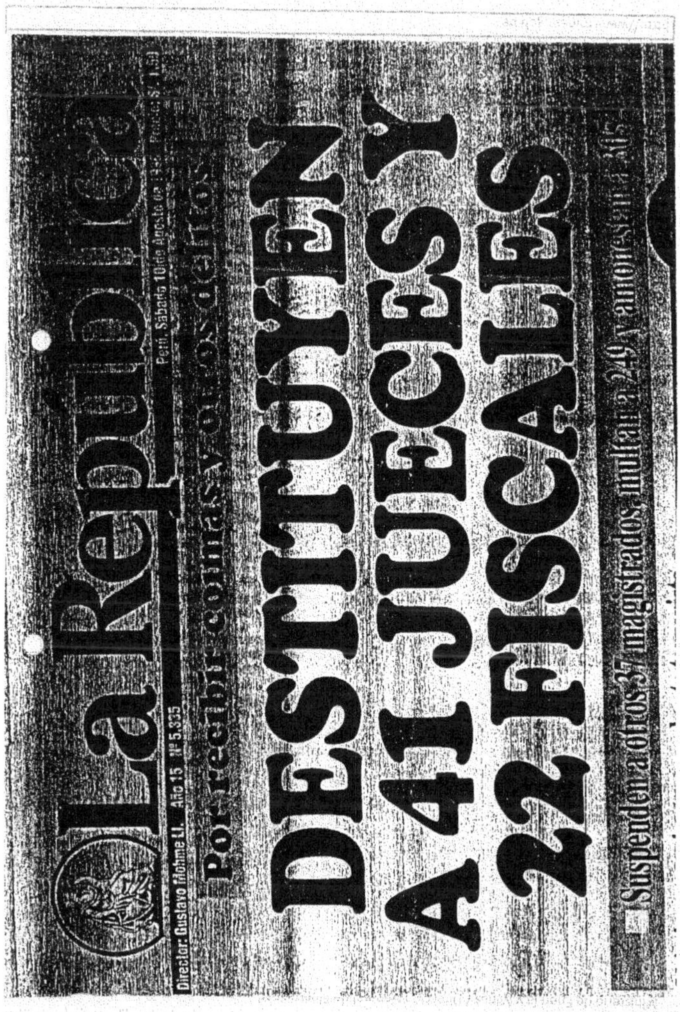
La República

Director: Gustavo Mohme Ll. Año 15 Nº 5.335

Perú, Sábado 10 de Agosto de 199[illegible] Precio S/. 1.50

Por recibir coimas y otros delitos

DESTITUYEN A 41 JUECES Y 22 FISCALES

Suspenden a otros 37 magistrados, multan a 249 y amonestan a 305

Martes, 13 de agosto de 1996

Denuncian que fiscal de la Nación cometió nepotismo

El congresista del Apra Javier Velázquez Quesquén denunció que la fiscal de la Nación, Blanca Nélida Colán Maguiño, habría contribuido con la existencia de nepotismo en el Ministerio Público al nombrar a dos sobrinos suyos en los cargos de asesor principal y fiscal, respectivamente.

El parlamentario señaló que el pariente designado como asesor por Colán es Stephen Paul Jordán Ortega, quien dijo, asumió al cargo por Resolución Suprema 088-92-JUS del 16 de junio de 1992, ocupando la plaza 737 y con un nivel remunerativo F6. Velázquez indicó que Jordan habría renunciado recientemente a este cargo.

Asimismo, cuestionó el nombramiento de la fiscal adjunta de Lima, Ana Colán Subauste.

Indicó que estos nombramientos contravendrían la Ley 26567, referida a las incompatibilidades que existen en la función pública para ejercer un cargo por razón de parentesco.

Agregó que solicitará a la Comisión de Fiscalización del Congreso "tomar las acciones del caso".

MINISTERIO PUBLICO

Solicitan al Consejo Nacional de la Magistratura sancione con destitución a fiscal provincial

RESOLUCION DE LA FISCALIA DE LA NACION N° 055-96-MP-JFS

JUNTA DE FISCALES SUPREMOS

Lima, 13 de noviembre de 1996

VISTO:

Por ante la Junta de Fiscales Supremos el Informe N° 036-96-MP-F.SUPR.C.I. de la Fiscalía Suprema de Control Interno relacionado con la visita efectuada a la Fiscalía Provincial Mixta de Bolognesi, realizada del 9 al 11 de mayo de 1996; el Expediente N° 592-94 correspondiente a la queja formulada por el doctor Rolando J. Reaño García, Fiscal Superior más antiguo del Distrito Judicial de Ancash contra el doctor Julio E. Núñez Aranda, Fiscal Provincial Titular de la Fiscalía Provincial Mixta de Bolognesi-Ancash, por presuntas Irregularidades en el Ejercicio de sus Funciones, que contiene el Informe N° 073-96-MP-FN-FSCI de la Fiscalía Suprema de Control Interno y el Expediente N° 1242-94 relacionada con la queja formulada por el señor José Armebianchi Vivero contra el doctor Julio E. Núñez Aranda, Fiscal Provincial Titular de la Fiscalía Provincial Mixta de Bolognesi-Ancash, por presuntas irregularidades en el Ejercicio de sus Funciones, que contiene el Informe N° 072-96-MP-FN-FSCI de la Fiscalía Suprema de Control Interno en los cuales se opina por la destitución del citado Fiscal Provincial; y habiéndose recibido el informe oral del referido Fiscal Provincial por ante la Junta de Fiscales Supremos en la sesión de fecha 4 de noviembre de 1996

CONSIDERANDO:

Que, en la visita extraordinaria llevada a cabo en la Fiscalía Provincial Mixta de Bolognesi por la Fiscalía Suprema de Control Interno se ha establecido que el doctor Julio Eduardo Núñez Aranda, Fiscal Provincial Titular de la Fiscalía Provincial Mixta de Bolognesi-Ancash, no ha concurrido a laborar el día 8 de mayo de 1996 porque en esa fecha en horas de oficina se dedicó a ingerir licor e incluso el Técnico en Abogacía, Lorgio Ramírez Tito le hizo firmar despacho en la calle, dejándose constancia que este hecho es probado con las vistas fotográficas que obran en folios 09 y 10, no desmentido por el Fiscal en mención; circunstancia que se refuerza con la declaración del Juez Mixto de Bolognesi doctor Alejandro Elías Cajo quien expresó verse obligado a programar las diligencias a primera hora de la mañana antes que el referido Fiscal comenzara a beber y la opinión de los pobladores de Chiquián que manifiestan que dicho Fiscal es un ebrio habitual según se publica en el Diario de la Región Chavín YA de fecha 23 de marzo de 199?;

Que, del acta de visita extraordinaria realizada por el Fiscal Superior Rolando José Reaño García del Distrito Judicial de Ancash en fecha 26 de noviembre de 1993 se advierte una constante inconducta por parte del Fiscal cuestionado, quien abandona continuamente su despacho e ingiere bebidas alcohólicas profiriendo ofensas a los pobladores de Chiquián; asimismo, se ha comprobado la falta de decoro social de parte del Fiscal cuestionado quien en completo estado de embriaguez profirió insultos en el bar de propiedad de José Félix Armebianchi Vivero en fecha 13 de julio de 1994;

Que, estos graves cargos no han sido desvirtuados por el Fiscal cuestionado ante la Junta de Fiscales Supremos en su sesión de fecha 4 de noviembre de 1996, quien ha admitido libar cerveza una vez a la semana, habiéndose demostrado la grave y reiterada inconducta funcional incurrida por el doctor Julio Eduardo Núñez Aranda, Fiscal Provincial Titular de la Fiscalía Provincial Mixta de Bolognesi-Ancash nombrado por Resolución Suprema N° 069-86-JUS de fecha 12 de marzo de 1986, responsable de haber cometido inconducta deshonrosa que desprestigia la imagen del Ministerio Público, prevista en el inciso 10) del Artículo 15° del Capítulo Tercero del Reglamento de la parte del Capítulo Segundo del Título II del Decreto Legislativo N° 052, Ley Orgánica del Ministerio Público, relativo a Sanciones Disciplinarias;

Que, la Junta de Fiscales Supremos, dejándose constancia que el doctor Pedro Pablo Gutiérrez Ferreyra, Fiscal Supremo que se encuentra con licencia por motivo de enfermedad y el doctor Miguel Aljovín Swayne que se excusa de asistir por motivo de enfermedad, en su sesión de fecha 4 de noviembre de 1996 acordó por unanimidad, con dispensa del acta, de conformidad con lo dispuesto en el inciso 1) del Artículo 62° del Decreto Legislativo N° 052, Ley Orgánica del Ministerio Público, modificado por la Ley N° 26623, solicitar al Consejo Nacional de la Magistratura la sanción disciplinaria de destitución del doctor Julio Eduardo Núñez Aranda, Fiscal Provincial Titular de la Fiscalía Provincial Mixta de Bolognesi, Distrito Judicial de Ancash, nombrado por Resolución Suprema N° 069-86-JUS de fecha 12 de marzo de 1986, remitiéndose copia de todos los actuados al Consejo Nacional de la Magistratura, en aplicación del inciso 3) del Artículo 154° de la Constitución Política del Perú concordado con el inciso c) del Artículo 21° de la Ley N° 26397;

SE RESUELVE:

Artículo Primero.- Solicitar al Consejo Nacional de la Magistratura la sanción disciplinaria de destitución del doctor Julio Eduardo Núñez Aranda, Fiscal Provincial Titular de la Fiscalía Provincial Mixta de Bolognesi, Distrito Judicial de Ancash, nombrado por Resolución Suprema N° 069-86-JUS de fecha 12 de marzo de 1986, remitiéndose copia de todos los actuados al Consejo Nacional de la Magistratura, en aplicación del inciso 3) del Artículo 154° de la Constitución Política del Perú concordado con el inciso c) del Artículo 21° de la Ley N° 26397 y de la renuncia presentada por el Sr. Julio Eduardo Núñez Aranda, Fiscal Provincial Titular de la Fiscalía Provincial Mixta de Bolognesi, Distrito Judicial de Ancash, una vez concluido su informe oral ante la Junta de Fiscales Supremos en la sesión de fecha 4 de noviembre de 1996.

Artículo Segundo.- Remitir copia certificada a la Comisión Ejecutiva del Ministerio Público del Informe N° 036-96-MP-F.SUPR.C.I. de la Fiscalía Suprema de Control Interno relacionado con la visita efectuada a la Fiscalía Provincial Mixta de Bolognesi, realizada del 9 al 11 de mayo de 1996, para que proceda de acuerdo a sus atribuciones en lo que concierne a los cargos formulados en contra del Fiscal cuestionado por los delitos de Prevaricato y contra la Administración de Justicia - Encubrimiento Real, en uso de las atribuciones conferidas en el inciso e) de la Tercera Disposiciones Transitorias, Complementarias y Finales de la Ley N° 26623.

Regístrese, comuníquese y publíquese.

BLANCA NELIDA COLAN MAGUIÑO
Fiscal de la Nación
Presidenta de Junta de Fiscales Supremos

Según congresista

Blanca Nélida «La tía querida»

Fiscal de la Nación, en medio de controversia.

Amparada en su alto cargo, la Fiscal de la Nación, Blanca Nélida Colán designó a un sobrino asesor de su despacho y nombró como fiscal adjunta provincial de Lima a otra sobrina, denunció el congresista Javier Velásquez y solicitó la intervención de la Comisión de Fiscalización.

El nombramiento de Stephen Paul Jordan Ortega como asesor principal, en ese entonces con 22 años y sin estudios profesionales, fue mediante resolución suprema el 16 de junio del 92, firmada por el presidente Fujimori y el ex ministro de Justicia, Fernando Vega Santa Gadea.

Según fuentes del Ministerio Público, precisa el congresista Velásquez Quesquén, Jordan Ortega no cumplió los servicios de tan alto cargo, por trabajar en una conocida aerolínea nacional, y habría renunciado en los últimos días al ser detectada su situación irregular.

En otra muestra de nepotismo, que violenta además la ley 26567, la fiscal de la Nación también procedió a nombrar fiscal adjunta provincial de Lima a su sobrina Ana Colán Subauste, la que está impedida de ejercer el cargo por las incompatibilidades por razón de parentesco.

DEFUNCION

La Comisión Ejecutiva y la Secretaría Ejecutiva del Ministerio Público, manifiestan a la Srta. Blanca Nelida Colán Maguiño, Fiscal de la Nación su profundo pesar por la sensible pérdida de su hermano Sr.:

JOSE DANIEL JORDAN MAGUIÑO

Ocurrido el día 10 de noviembre, en la ciudad de Lima, sentimientos que hacemos extensivos a su digna familia.

Lima, 13 de Noviembre de 1996.

No. 2-42067

10 de agosto de 1996

MINISTERIO PUBLICO

Aceptan renuncia de asesor del Sector

RESOLUCION ADMINISTRATIVA DEL TITULAR DEL PLIEGO DEL MINISTERIO PUBLICO N° 051-96-SE-TP-CE-MP

Lima, 9 de agosto de 1996

VISTO:

La renuncia formulada por el señor STEPHEN PAUL JORDAN ORTEGA;

CONSIDERANDO:

Que, mediante el documento de visto legalizado notarialmente, el señor STEPHEN PAUL JORDAN ORTEGA renuncia al cargo de Confianza de Asesor y hace entrega de la credencial correspondiente;

Estando a la visación del Gerente Central de Personal; y,

En uso de las atribuciones conferidas por la Ley N° 26623; Resolución de la Comisión Ejecutiva del Ministerio Público N° 035-96-MP-FN-CEMP del 12 de julio de 1996; Resolución Administrativa del Titular del Pliego del Ministerio Publico N° 005-96-SE-TP-CE-MP del 19 de julio de 1996 y Resolución de la Comisión Ejecutiva del Ministerio Público N° 089-86-MP-FN-CEMP del 1 de agosto de 1996;

SE RESUELVE:

Artículo Unico.- Aceptar a partir de la fecha, la renuncia formulada por el señor STEPHEN PAUL JORDAN ORTEGA, al cargo de Confianza de Asesor, exonerándosele del plazo de ley y dándosele las gracias por los servicios prestados.

Regístrese, comuníquese y publíquese.

RICARDO MENDOZA TORRES
Secretario Ejecutivo (e.i)
Comisión Ejecutiva del Ministerio Público

2/Política/ Diario La República - Perú - Viernes, 23 de agosto de 1996

Por delito de omisión de acción penal

Denunciarán en Congreso a la Fiscal de la Nación

La fiscal de la Nación, Blanca Nélida Colán, será denunciada constitucionalmente por la presunta comisión del delito de omisión de ejercicio de la acción penal en la calidad de instigadora, anunció ayer el parlamentario Jorge del Castillo.

Manifestó que al haber realizado declaraciones sobre las afirmaciones del narcotraficante Demetrio Chávez Peñaherrera (a) «Vaticano», de haber hecho «tanto daño al Perú y al honor del doctor Vladimiro Montesinos», instigó al Fiscal Superior Lidio Marticorena Gaspar a no solicitar la apertura de instrucción contra el asesor presidencial.

«Inclusive en el programa televisivo donde se presentó la Fiscal de la Nación, exhibió un informe remitido por el SIN, antes de que sea puesto en conocimiento de la Sala Penal que conoce la causa, con lo cual puso de manifiesto su afán de instigar la decisión del Fiscal Superior», expresó Del Castillo.

El documento que contiene la denuncia constitucional será presentado hoy ante la mesa de partes del Congreso, firmado por los miembros de la bancada aprista.

Del Castillo manifestó que el Fiscal Superior, Lidio Marticorena, para abstenerse de cualquier pronunciamiento sobre los nuevos hechos, se amparó en el mismo informe del SIN que la Fiscal de la Nación, Nélida Colán, hizo de conocimiento público dos días antes.

«De esta manera, la Fiscal de la Nación ha sido el factor determinante para que el fiscal Marticorena incurra en la comisión de delito de omisión en el ejercicio de Acción Penal, de allí que ella participe de este delito en calidad de instigadora, conforme lo prescribe el artículo 24 del Código Penal», manifestó Del Castillo.

El texto señala que la acción penal será reprimida con pena privativa de libertad no menor de uno ni mayor de cuatro años.

También presencia de Pandolfi y Briones

Rechazan investigar narcotráfico

Carlos Torres y Torres Lara afirma que el Congreso tiene facultades para interpretar la Constitución.

El presidente de la comisión de Constitución afirmó que la ley interpretativa de la reelección presidencial fue presentada luego que sectores de la oposición afirmaron que existían dudas acerca de los reales alcances del artículo 112 de la Constitución.

Fue durante la exposición del dictamen de mayoría del proyecto de ley de «interpretación auténtica" del artículo 112° de la Constitución, para lo cual, incluso, se valió de un proyector de vistas fijas y de cuadros comparativos.

Afirmó que constitucionalistas de prestigio como Aníbal Quiroga han señalado la existencia de distintas maneras de interpretar la Constitución, lo que respalda la tesis de que Fujimori puede volver a presentarse como candidato en el año 2000.

Dijo que el Congreso tiene amplias facultades para interpretar la Constitución, porque así lo demuestran leyes aprobadas en el pasado por representantes de distintas fuerzas políticas.

Indicó que como ya no existe el CCD, le corresponde al actual Congreso interpretar el texto constitucional.

Para respaldar sus palabras citó el libro de su oponente Enrique Chirinos Soto sobre Derecho Constitucional, en el que se indica que el legislativo puede interpretar las leyes.

Aludió también al reglamento interno del Congreso, en el que se indica que una de sus potestades es la de hacer la interpretación de la Carta Magna.

Indicó que la ley 26654, aprobada sorpresivamente la semana pasada, regula los procedimientos administrativos y señala que a los funcionarios públicos les son aplicables las reglas vigentes y no las que rigieron con anterioridad.

Señaló que las limitaciones para la reelección son anacrónicas y deberían ser desechadas por sectores de oposición, que hablan de inconstitucionalidad.

Antes se había puesto a consideración del pleno las diversas mociones, la mayoría presentada por la oposición, las cuales solicitaban la formación de comisiones investigadoras del narcotráfico y de la denuncia de Vaticano contra el asesor presidencial Vladimiro Montesinos.

Hicieron uso de la palabra Henry Pese y Gustavo Mohme por UPP, Jorge del Castillo por el Apra, Fernando Olivera por el FIM, Javier Alva Orlandini de Acción Popular, Javier Diez Canseco.

Por la bancada oficialista y para oponerse hizo uso de la palabra Helber Salmavides. También se opuso Enrique Chirinos Soto. Las mociones fueron rechazadas en bloque por 62 votos contra 40.

También fueron rechazadas las mociones que solicitaban la presencia del primer ministro y del ministro del Interior, sustentadas por Anel Townsend y Máximo San Román, para que expliquen las medidas de lucha tomadas para combatir el narcotráfico.

Ingreso N°843-96.

Lima, cinco de noviembre de mil novecientos noventiséis.-

*__DADO CUENTA__: La denuncia por Acción Popular formulada por el ciudadano Santiago Sanguinetti Galindo, Presidente del Comité contra La Corrupción contra **LUIS ALBERTO DAVILA DAVILA**; por supuesto delito contra La Administración Pública,-Desacato; en agravio de la Señorita Fiscal de la Nación Doctora Blanca Nélida Colán Maguiño, de los Señores Fiscales Supremos Doctores Pedro Pablo Gutiérrez Ferreyra y Clodomiro Chávez Valderrama, Presidenta y Miembros de la Comisión Ejecutiva del Ministerio Público; de los demás Fiscales de las tres instancias del Ministerio Público y del Estado, ampliada contra **ENRIQUE ZILERI GIBSON**, por delito contra La Administración Pública-Desacato; en agravio de la Señorita Fiscal de la Nación Doctora Blanca Nélida Colán Maguiño, del Señor Fiscal Supremo Doctor Pedro Pablo Gutiérrez Ferreyra; se le imputa al denunciado **LUIS ALBERTO DAVILA DAVILA** el haber ofendido en su dignidad y decoro a la Señorita Fiscal de la Nación y a los Señores Fiscales Supremos, a causa del ejercicio de sus funciones y al tiempo de ejercerlas y a los demás señores Fiscales al calificarlos genéricamente de "Alcohólicos y Drogadictos", utilizando algunos medios de comunicación social especialmente el diario La República, para lo cual el denunciado habría proporcionado declaraciones y notas de prensa en ese sentido, las mismas que motivaron que diversos medios de comunicación publiquen y divulguen informaciones con denigrantes titulares en los que se ofenden e injurian la dignidad y el decoro de los Fiscales del Ministerio Público, asimismo ha ofendido la dignidad y decoro de la Señorita Fiscal de La Nación y Fiscales Supremos al formularles gravísimos cargos en el Oficio número cero cincuenticinco guión noventiséis guión SE guión TP guión CE guión MP de fecha treintiuno de julio del presente año donde se permite además burlarse de los miembros de la Comisión Ejecutiva del Ministerio Público. Se le atribuye por otro lado al denunciado **ENRIQUE ZILERI GIBSON**, el haber publicado en la Revista Caretas del ocho de agosto del año en curso en la sección Mar de Fondo un artículo bajo el titular Golpe Bajo destinado a ofender la dignidad y el decoro de la Señorita Fiscal de la Nación y Señor Fiscal Supremo Miembro de la Comisión Ejecutiva del Ministerio Público, lo que se infiere de la lectura del mencionado artículo, atribuyéndole al denunciado **DAVILA DAVILA** las declaraciones que ahí aparecen; __**ATENDIENDO:**__ a que como es de verse de los actuados se ha llegado establecer que el denunciado **LUIS ALBERTO DAVILA DAVILA** estuvo ejerciendo el cargo de Secretario Ejecutivo de la Comisión Ejecutiva del Ministerio Público desde el veintiocho de junio de mil novecientos*

QUINTA FISCALIA PROVINCIAL · LIMA ·

ERTIFICO: Que la fotostática de la vuelta fiel réplica de su original con el que ha do confrontado y al que me remito en caso necesario.

18 NOV. 1996

Lima, ____ de ____ de 19__

noventiséis hasta el primero de agosto del mismo año en que fue separado de la Institución mediante Resolución de la Comisión Ejecutiva del Ministerio Público número ochentiocho guión noventiséis guión MP guión FN guión CEMP; que estando ejerciendo el cargo de Secretario Ejecutivo de la Comisión Ejecutiva del Ministerio Público el día veinticinco de julio del año en curso convocó a una Conferencia de Prensa, a fin de dar a conocer su planteamiento en torno a la situación del Ministerio Público, siendo en el contexto de su exposición que mencionó que se habría encontrado con más de un caso de Fiscales con problemas de Alcoholismo y Drogadicción, tal como refiere en la declaración prestada en el Despacho de esta Fiscalía, corroborada con la videograbación presentada como prueba con lo que acredita que los términos que aparecen en la primera plana en el diario de La República son la interpretación que éstos hacen, pero no son las palabras que éste utilizó, conforme es de verse de la misma nota periodística que aparece en la pagina interna de ese diario; que las afirmaciones que hace el denunciado al referirse "en los veinticuatro días que tengo al frente del Ministerio Público, he tomado conocimiento que existe más de un fiscal con problemas de alcoholismo y drogadicción, a quienes vamos a separar de sus cargos"; no constituyen injurias ni ofensas que afecten a todos los Fiscales pues está referida a situaciones particulares, dentro de la narración de los hechos de los que ha tomado conocimiento durante su permanencia como Secretario Ejecutivo de la Comisión Ejecutiva del Ministerio Público, no apreciándose de sus afirmaciones que exista un ánimo, ni intención de ofender el decoro o dignidad de la Señorita Fiscal de La Nación, de los Señores Fiscales Supremos, ni de los Fiscales de las demás instancias; pues el titular materia de la denuncia y cuya autoría se le atribuye le corresponde en realidad al diario La República y es la interpretación que éste hace de lo manifestado por ***DAVILA DAVILA*** *en la Conferencia de Prensa obviamente con un afán sensacionalista y que llame la atención del público para la venta de sus ejemplares; que en cuanto al otro extremo de la denuncia contra* ***DAVILA DAVILA*** *por los términos utilizados en el oficio cursado a la Señorita Fiscal de La Nación y que aparecen en la Resolución número ochentiocho guión noventiséis guión MP guión FN guión CEMP, publicada en el diario oficial El Peruano de dos de agosto de mil novecientos noventiséis, como que constituyen un grave desacato; respecto de los mismos* ***DAVILA DAVILA*** *afirma en su declaración prestada en este Despacho que esos términos han sido extraídos del contexto integral del Oficio dirigido a la Señorita Fiscal de la Nación, cuyo contenido guarda los términos formales y respetuosos que le merece la Señorita Fiscal de la Nación, explica asimismo el contenido del Oficio señalando que en ningún momento su propósito fue el de ofender, que lo que se propuso fue hacer una exhortación de alerta frente a las maniobras mercantilistas, sensacionalistas y obstruccionistas del diario La*

QUINTA FISCALIA PROVINCIAL · LIMA ·

RTIFICO: Que la fotostática de la vuelta es fiel réplica de su original con el que ha sido confrontado y al que me remito en caso necesario.

18 NOV. 1996

Lima, ______ de ____________ de 19___

101

República; cabe destacar que sobre este extremo de la denuncia la Comisión Ejecutiva del Ministerio Público, mediante Resolución número ochentiocho guión noventiséis guión MP guión FN guión CEMP del primero de agosto del año en curso, ha considerado que estas frases constituyen una falta grave de respeto a los Miembros de la Comisión Ejecutiva del Ministerio Público por tal motivo se dio por concluido su nombramiento como Secretario Ejecutivo de la Comisión Ejecutiva del Ministerio Público; que para que se configure el delito de Desacato es necesario que exista la intención o el ánimo de injuriar u ofender a un funcionario público en el ejercicio de sus funciones; que como lo ha señalado la Comisión Ejecutiva en su Resolución, las expresiones atribuidas a **DAVILA DAVILA** constituyen una falta de respeto; pues de haber considerado que su conducta revestía contenido penal, hubieran dispuesto lo conveniente en ese extremo, lo que no ha sucedido, que de la declaración del denunciado y de la lectura del Oficio número cero cincuenticinco guión noventiséis guión SE guión TP guión CE guión MP es de apreciarse que las expresiones consideradas ofensivas habrían sido vertidas no con el ánimo de ofender o injuriar, sino más bien de defender su posición frente a las afirmaciones que se le atribuían y que aparecieran publicadas en el diario La República y sobre las que la Comisión Ejecutiva le pidió Informe; que si bien es cierto las expresiones utilizadas por el denunciado pueden considerarse descomedidas y fuera de lugar, no configuran el delito de Desacato, para lo cual es necesario que exista el ánimo, la intención de injuriar a un funcionario público, que los términos utilizados contra este funcionario público sean ofensivas, que hieran su dignidad, su decoro o su honra como funcionario público, debiendo tenerse en cuenta que esta figura es una injuria agravada por el hecho que esta dirigida contra una persona que ejerce un cargo público y con ocasión del ejercicio de esta función; presupuestos que no se dan en el presente caso. En lo que respecta a la ampliación de la denuncia contra **ENRIQUE ZILERI GIBSON**, por el artículo aparecido en la sección Mar de Fondo de la Revista Caretas de ocho de agosto, de la lectura del artículo en cuestión no se aprecia de su contenido, injuria u ofensa contra la Señorita Fiscal de la Nación Blanca Nélida Colán Maguiño y el Señor Fiscal Supremo Pedro Pablo Gutiérrez Ferreyra, ni que dicha nota periodística haya sido escrita con esa finalidad, sino que se trataría más bien de una información sobre un hecho de actualidad y lo supuestamente ocurrido en el Ministerio Público con relación al denunciado **DAVILA DAVILA** y su separación del cargo de Secretario Ejecutivo de la Comisión Ejecutiva del Ministerio Público, no advirtiéndose de la lectura de este artículo que el denunciado **DAVILA DAVILA** haya proporcionado la información materia de la denuncia, o haya hecho declaración a esta revista sobre el asunto en cuestión, no pudiéndosele atribuir esta conducta por el solo hecho de estar vinculado a la noticia a que se hace referencia; que la labor periodística está

QUINTA FISCALIA PROVINCIAL
LIMA

[illegible]FICO: Que la fotostática de la vuelta es fiel réplica de su original con el que ha sido confrontado y al que me remito en caso necesario.

1 8 NOV 1996

Lima, ______ de ______ de 19___

encaminada a proporcionar información a través de los medios de comunicación sobre hechos de acontecer nacional e internacional y relacionados con todas las esferas de la vida política, social y económica; que la Constitución Política del Perú en su artículo Segundo inciso cuarto garantiza la libertad de información, opinión, expresión y difusión del pensamiento mediante la palabra oral o escrita o la imagen, por cualquier medio de comunicación social sin previa autorización ni censura ni impedimento alguno, bajo la responsabilidades de ley; que lo que aparece escrito en el artículo materia de denuncia ha sido redactado en uso de esas libertades, del mismo que no aparecen los presupuestos ya antes mencionados que configuran el delito de Desacato; por lo que esta Fiscalía de conformidad con los artículos doce y noventicuatro inciso segundo del Decreto Legislativo Cincuentidos-Ley Orgánica del Ministerio Público; ***RESUELVE: No Formalizar Denuncia Penal*** *contra:* ***LUIS ALBERTO DAVILA DAVILA;*** *por supuesto delito contra La Administración Pública,-Desacato; en agravio de la señorita Fiscal de la Nación Doctora Blanca Nélida Colán Maguiño, de los señores Fiscales Supremos Doctores Pedro Pablo Gutiérrez Ferreyra y Clodomiro Chávez Valderrama, Presidenta y Miembros de la Comisión Ejecutiva del Ministerio Público; de los demás Fiscales de las tres instancias del Ministerio Público y del Estado, asimismo* ***No Formalizar Denuncia Penal*** *contra:* ***ENRIQUE ZILERI GIBSON,*** *por delito contra La Administración Pública-Desacato; en agravio de la Señorita Fiscal de la Nación Doctora Blanca Nélida Colán Maguiño, del Señor Fiscal Supremo Doctor Pedro Pablo Gutiérrez Ferreyra; disponiéndose el* ***ARCHIVO DEFINITIVO*** *de los actuados. Notificándose la presente Resolución al Señor Procurador Público del Ministerio Público.*---

Rivera Santander

LOURDES RIVERA SANTANDER MEDINA
Fiscal Provincial
ta Fiscalía Provincial Penal de Lima

QUINTA FISCALIA PROVINCIAL
· LIMA ·

... Que la fotostática de la vuelta
... fiel réplica de su original con el que ha
...ido confrontado y al que me remito en caso
necesario.

Lima, 13 NOV. 1996 de 19...

Suicidios en Primavera
3 de diciembre, 1998 - Nº 1545
Precio S/. 10.00 Fotos JAVIER ZAPATA
¡MILAGRO!
La ex fiscal de la Nación, su hermana y su madre viven con apenas 3,000 soles al mes en esta casa.
En los Predios de Blanca Nélida

• LA • REVISTA •
DOMINGO
30 de enero del 2000
Nº 87 La República
Montesinos &
Colán S.A.
LA
DUPLA
DE ORO
$
$
¿Quieren saber cómo nos hicimos
MILLONARIOS?

14 INFORME *La República - Perú - Miércoles, 20 de setiembre del 2000*

Un proceso que aún no comienza y que involucra a personajes del Poder Judicial, Ministerio Público y Fuerzas Armadas

Cómo desactivar la extensa red del SIN

La real desactivación del Servicio de Inteligencia Nacional requiere la rápida implementación de medidas para reinstitucionalizar el Poder Judicial, el Ministerio Público y las Fuerzas Armadas, entre otras entidades en las que han logrado ubicarse personajes incondicionales a Vladimiro Montesinos.

Por **María Elena Castillo**

El Poder Judicial sólo podrá ser reinstitucionalizado sacando a los incondicionales de Vladimiro Montesinos.

La Fiscal de la Nación, Blanca Colán, servidora incondicional del ex asesor del SIN.

Víctor Raúl Castillo Castillo preside la Comisión Ejecutiva del Poder Judicial y la Corte Suprema.

Desde que Alberto Fujimori llegó al poder, en 1990, su asesor Vladimiro Montesinos se dedicó a crear una extensa red de personajes leales, con la única intención de ubicarlos en las instituciones más importantes del país.

De esa manera logró controlar el Poder Judicial, el Ministerio Público y las Fuerzas Armadas. Tres instituciones que deberían ser autónomas, pero que en los 10 años de este régimen han demostrado su total sujeción al gobierno de Fujimori.

La ex magistrada y directora de Derechos Humanos del Colegio de Abogados **Elba Greta Minaya** explica que la creación de las Comisiones Ejecutivas del Poder Judicial y el Ministerio Público fue determinante para los intereses de Montesinos.

«A través de ellas el Servicio de Inteligencia ha controlado en forma irregular las instituciones más importantes [illegible]a el sistema democrá[illegible], con el único fin de [illegible]meter y presionar a magistrados, tanto fiscales como vocales. Por eso mucha gente debe marcharse», opina.

Su amiga Blanca

Una persona clave para obtener todo tipo de favores en el Ministerio Público ha sido la presidenta de la Comisión Ejecutiva y casi eterna Fiscal de la Nación, **Blanca Nélida Colán.**

Sin duda ella es una de las primeras personas cercanas al ex asesor del SIN que debe ser removida de su cargo, pues en la práctica forma parte del aparato de inteligencia del gobierno.

Su incondicionalidad, y la de varios fiscales de su entorno, ha quedado demostrada en muchas oportunidades.

Su más reciente muestra de apoyo se produjo el 25 de enero de este año, tras juramentar como Fiscal de la Nación por segunda vez.

Ni bien terminó la ceremonia anunció que había sido archivada la investigación a Montesinos por presunto enriquecimiento ilícito, la misma que se le abrió un mes antes, cuando se descubrió que había recibido más de 2 millones de dólares tan sólo durante 1999.

Pero también hay que recordar que en 1996 la doctora Colán, sin ninguna investigación previa, desmintió al narcotraficante Demetrio Chávez Peña Herrera, «Vaticano», quien aseguró haber pagado a Montesinos 50 mil dólares mensuales para poder actuar libremente en el Huallaga.

Además, en forma sorprendente, el fiscal superior **Libio Marticorena,** que vio el caso, se excusó de interrogar al delincuente sobre dicha acusación, aduciendo que un informe enviado por el SIN había aclarado el asunto.

Los peones obedecen

Otro de los incondicionales, que debe salir junto a su jefa, es el fiscal **Hugo Salvatierra**, quien una y otra vez archivó denuncias contra personajes ligados al régimen.

Un caso revelador es el de la reaseguradora Popular y Porvenir, que prácticamente fue desfalcada por Augusto Miyagusuku –íntimamente ligado a Palacio de Gobierno–. No prosperó la denuncia a pesar de las pruebas existentes.

Lo mismo ocurrió con el caso del espionaje telefónico realizado por el SIN a periodistas y políticos de oposición. También fue cerrado.

Igualmente, se dejó sin efecto una resolución para denunciarlo penalmente por enriquecimiento ilícito, pese a que existen signos exteriores de riqueza que no se justifican con el sueldo que percibe del Estado.

Similar actitud progobiernista ha tenido la fiscal superior ad hoc **Julia Eguía Dávila**, a quien el año pasado se le encargó ver 75 denuncias en segunda instancia (la definitiva), muchas de las cuales comprometen a funcionarios o personas ligadas a Fujimori y Montesinos.

Entre ellas está la denuncia sobre corrupción de funcionarios en la Superintendencia de Aduanas, hecha por el ex ministro de Trabajo Jorge Mufarech. Así como la reventa de vehículos importados por el cuerpo diplomático, que vincula al también ex ministro de esa cartera Jorge González Izquierdo.

Un fiscal que tampoco se puede olvidar es **César Alegre Landevery**, célebre por su investigación del «Huanucazo», un claro intento para alterar los resultados de las elecciones generales de 1995, y en el que hubo denuncias responsabilizando al congresista oficialista Víctor Joy Way.

Además, Alegre tuvo una tibia participación en la investigación por la desaparición del periodista radial Pedro Yauri, quien habría sido eliminado por el grupo Colina (que fue creado por el SIN) por denunciar los abusos de los militares.

No se puede esperar nuevas elecciones generales limpias y transparentes si no se cambian a los actuales responsables del JNE y la ONPE

Justicia no tan ciega

Pero el largo brazo del SIN también continúa en las altas esferas del Poder Judicial, controlado a través de su Comisión Ejecutiva, presidida por **Víctor Raúl Castillo Castillo**, quien al mismo tiempo es presidente de la Corte Suprema.

El secretario ejecutivo de esa Comisión, **David Pezúa Vivanco**, también ha mostrado públicamente su respaldo a ex asesor del SIN. Pero no quiso pronunciarse sobre la necesidad de que se conozca la lista de clientes de Montesinos, que le permitió tener tan millonarios ingresos.

Precisamente Pezúa es quien hace y deshace en el Poder Judicial, instalando salas judiciales, nombrando o separando magistrados provisionales y suplentes, así como definiendo la remuneración de los mismos.

La «red» en este poder, que debe ser independiente, ha hecho que muchos magistrados provisionales resuelvan o archiven los casos de acuerdo con los intereses del gobierno.

Uno de ellos es **Percy Escobar**, juez provisional de Derecho Público, cuya decisión permitió que Baruch Ivcher fuera despojado de su canal y posteriormente negó el recurso presentado por él, para que le devuelvan la nacionalidad peruana.

Otro es el vocal supremo –también provisional– **Alejandro Rodríguez Medrano**, quien en julio último fue invitado

detonante para renuncia de Colá

Decisión la presentó en una carta dirigida a la Junta de Fiscales Supremos. Esta dependencia recién elegiría el próximo lunes a quien la sucederá en el cargo

Blanca Nélida Colán Maguiño renunció ayer, en forma irrevocable, a seguir desempeñándose como fiscal de la Nación, a raíz del escándalo político suscitado luego de conocerse públicamente las millonarias cuentas bancarias en Suiza del ex asesor presidencial Vladimiro Montesinos Torres.

Colán dimitió oficialmente a las 10:05 de la mañana, hora en que presentó su oficio de renuncia ante la Junta de Fiscales Supremos del Ministerio Público, antes de reunirse con el embajador suizo acreditado en Lima, Erick Martins.

A las 11:30 de la mañana, la Junta de Fiscales Supremos sesionó por breves minutos sólo para tomar conocimiento de la determinación de Blanca Nélida Colán, por lo que sus miembros no definieron si aprobaban o no la dimisión de ésta al máximo cargo de la Fiscalía de la Nación.

"Debido a los últimos acontecimientos en la vida nacional, que han llevado a un importante sector de la opinión pública a cuestionar los actos propios de la función institucional y del rol del fiscal de la Nación, he llegado a la conclusión de que es conveniente para el país y el desarrollo de su institucionalidad democrática expresar mi voluntad de renunciación", puntualiza Colán en su carta.

"En ese orden de ideas, formulo que tan alta función merece. Es propicia la oportunidad para expresarles mi sincero agradecimiento por el mandato conferido, así como dejar pública constancia del esfuerzo de los magistrados fiscales, funcionarios, médicos legistas y personal administrativo que me han acompañado en esta gestión".

ARCHIVO

CUESTIONADA. Blanca Nélida Colán dejó su cargo "debido a los últimos acontecimientos en la vida nacional". Reconoció que había duros cuestionamientos de todos los sectores que la impulsaron a tomar su decisión.

en enero último, por un período de tres años, "honroso encargo que aprecié en su debido momento y que he venido desempeñando con estricto apego a la ley y a la ética profesional y personal".

La Junta de Fiscales Supremos deberá reunirse a más tardar el lunes 6 a primera hora para cumplir con Calderón Navarro, Adelaida Flora Bolívar Arteaga, Pedro Pablo Gutiérrez Ferreyra, Miguel Aljovín Swayne y la propia Colán Maguiño, quien no renunció a su condición de fiscal suprema.

Quien tome la posta de Colán deberá investigar a Vladimiro Montesinos por el delito de enriquecimiento

Salió solam obligada po circunstan

Cuando los periodistas e ayer la denuncia penal d Nélida Colán Maguiño co dimiro Montesinos, a raí millonarias cuentas en S co antes de las 11 de la m conoció la noticia bomb renuncia. Los efectos — gunos cronistas— son c bles a un terremoto de g en la escala de Richter.

Y es que más tempra vía, en unas declaracione a una radioemisora a las la mañana, Colán ni siqu muó que dimitiría debido yuntura política, tras el del Gobierno Suizo al da cer las jugosas cuentas b del 'Doc'.

Antes de conocerse l cia, unos treinta periodist redactores, fotógrafos y grafos, habían sufrido la ción de ser echados del del Ministerio Público e uno fue agredido (César de "La República") por c gilantes que "sólo obedec nes superiores para quita

El Comercio Viernes, 3 de noviembre del 2000 | Editorial | a15

INDICIOS CONTUNDENTES NUNCA ATENDIDOS

Desde 1996 se obtuvo información de sus dudosos y jugosos ingresos

Los fiscales de la Nación, Blanca Nélida Colán y Miguel Aljovín, nunca lo investigaron. El jefe de la Sunat y el ministro Pandolfi lo defendieron

La existencia de 48 millones de dólares depositados en tres cuentas bancarias suizas es la gota que terminó de colmar un vaso que se fue llenando desde 1996.

Desde ese año, cada cierto tiempo la prensa se encargó de denunciar los ingentes ingresos, nunca explicados, que obtuvo el ex asesor presidencial Vladimiro Montesinos.

Las autoridades a las que les correspondía investigar el origen del dinero —como el Ministerio Público— jamás dieron una explicación satisfactoria al respecto.

Por ejemplo, en 1996 el narcotraficante Demetrio Chávez Peñaherrera (a) 'Vaticano' acusó a Montesinos de haberle cobrado 50 mil dólares mensuales por dejarlo operar en la pista de aterrizaje de Campanilla, en el Huallaga. Luego se retractó tras un extraño cambio en su personalidad, pero fue la entonces fiscal de la Nación, Blanca Nélida Colán, la encargada de asumir dramáticamente la defensa pública del ex asesor, diciendo que la acusación era una "patraña".

Luego, en marzo de 1997, el programa "Contrapunto" de Canal 2 reveló por primera vez los ingresos declarados por Montesinos a la Sunat durante los años 1993, 1994 y 1995.

De acuerdo a los documentos oficiales, las sumas ascendían, cada a año, a 20 mil soles, 492 mil soles y un millón seiscientos mil nuevos soles, respectivamente.

En aquella ocasión, el jefe de la Sunat, Jorge Baca Campodónico, dijo públicamente que "el contribuyente Vladimiro Montesinos cumple con declarar y pagar oportunamente sus obligaciones tributarias, tanto los pagos a cuenta como la declaración anual de rentas de cuarta categoría, obtenidas en el ejercicio privado e independiente de su profesión de abogado".

Por su lado, el entonces presidente del Consejo de Ministros, Alberto Pandolfi, dijo que el propio asesor todopoderoso del SIN había pedido al órgano tributario que iniciase una profunda investigación sobre sus rentas declaradas.

Nunca se hizo pública la relación de clientes de Montesinos en su condición de abogado independiente, pero Pandolfi aprovechó para comentar que "el doctor Montesinos Torres, con su experiencia y conocimiento en el campo de la inteligencia, prestó servicios invalorables (...). Cuánto costaría una asesoría de esta naturaleza prestada a otro país".

Luego, en diciembre de 1999, el diario "Liberación" publicó algunas de las sumas depositadas en la cuenta C-424778 de Montesinos en el banco Wiese.

El principal objetivo de la investigación que inició el ex fiscal de la Nación, Miguel Aljovín, a pedido de Montesinos, eran más de tres empresas con sede en el Perú, con RUC y dirección legal señaladas. Pero la investigación terminó casi tan pronto como se inició, porque Aljovín archivó el caso al encontrar que no había indicios de que existió enriquecimiento ilícito. "No hay desbalance patrimonial y las pruebas periodísticas carecerían de valor probatorio", dijo el fiscal en un comunicado oficial.

ARCHIVO

BLANCA NÉLIDA COLÁN

ARCHIVO

MIGUEL ALJOVÍN

Últimas especulaciones

En octubre pasado, la prensa volvió a especular sobre la posibilidad de que Montesinos haya retirado hasta 100 millones de dólares del Banco Wiese en su huida a Panamá, lo que pudo ser el motivo por el cual dicho banco se vio obligado a hacer un aumento de capital.

Pero el gerente general del banco, Eugenio Bertini, rechazó cualquier vinculación del aumento del capital social por 100 millones de dólares con un supuesto retiro de depósitos por Montesinos.

Finalmente, durante el mismo mes apareció también la primera oportunidad concreta de investigar a Montesinos por vínculos con el narcotráfico, cuando el procesado Boris Foguel dijo en Panamá que sostenía conversaciones con la DEA para, eventualmente, declarar ante un gran jurado en Nueva York contra el ex asesor presidencial. ■

En directo desde

Los cosmonautas rusos Sergei Krikaly zenko, y el astronauta estadounidense posan ante una cámara de televisión a

EVASORES EN JAQUE

Aduanas y Sunat hacen operación conjunta

La Fuerza Especial de Administración Tributaria (FEAT), formada por personal especializado de Sunat y Aduanas, inició sus acciones con las operaciones Canario y Mundial, que comprendieron la intervención de empresas textiles y del sector automotor del Cercado de Lima, Rímac y La Victoria, así como de la ciudad de Tacna.

Rosario Almenara, jefa de la Sunat, informó que las empresas intervenidas fueron seleccionadas luego de un análisis de su comportamiento tributario. **Recaudación de octubre ascendió a S/. 1.899 millones. [b1]**

Correo | Jueves 26 de julio del 2001

MOMENTOS en que Blanca Nélida Colán es recluida en penal de Chorrillos

Por orden de Sala Suprema

Ex fiscal de la Nación queda confinada en Santa Mónica

Es la primera ex magistrada ligada al montesinismo que se encuentra tras las rejas

RAÚL SÁNCHEZ

La ex fiscal de la Nación Blanca Nélida Colán Maguiño, considerada la mujer que en el último quinquenio tuvo el poder absoluto en el Ministerio Público, y que fue siempre respaldada por una red de corrupción gubernamental, quedó ayer recluida en el penal Santa Mónica, de Chorrillos.

Su detención se produjo después de que la Sala Penal Especial Anticorrupción de la Corte Suprema revocara el mandato de comparecencia que mantenía y ordenó su internamiento en el citado centro penitenciario, debido a que halló suficientes elementos de prueba que la responsabilizan en los delitos imputados.

Estos últimos son: encubrimiento real (protegió a Vladimiro Montesinos de cualquier investigación), omisión de deberes (no lo investigó ni denunció por sus vínculos con el narcotráfico), falsedad genérica y enriquecimiento ilícito (recibió dinero del SIN y tiene una casa valorizada por más de 700 mil dólares).

Colán Maguiño es procesada por dichas imputaciones ante la vocalía de instrucción, que despacha el vocal Luis Lecaros Cornejo, quien al abrirle ins-

EXPEDIENTE Nº A.V. 09-2001
INCIDENTE DE APELACIÓN AL
MANDATO DE COMPARECENCIA RESTRINGIDA
SALA PENAL ESPECIAL
LIMA.-

hicieron los miembros de la subcomisión del Congreso; por otro lado perturbe la actividad probatoria, los hechos ocurridos vinculan a la protección del jefe de una organización criminal por lo que resulta coherente asegurar el sometimiento procesal de la imputada, **tudo lo cual nos permite sostener con fundamento en la probable existencia de una fuente de peligro objetivo de perturbación de la actividad probatoria**, tanto más, que en rigor las imputaciones que se formulan a la procesada Colán Maguiño, en cuanto a los delitos de Encubrimiento Personal y Omisión de Denuncia, **corresponden a conductas especificas realizadas a favor de la organización criminal jefaturada por el ex Asesor del Servicio de Inteligencia VLADIMIRO MONTESINOS TORRES,** acciones que han sido puestas en evidencia durante la investigación llevada a cabo en el Congreso de la República, por lo que también concurre el presupuesto establecido por el inciso 3) del artículo 135º del Código Procesal Penal.

De lo suscintamente expuesto, concluimos que si concurren los requisitos establecidos por el artículo 135 del Código Procesal Penal, modificado por la Ley Nº 27226 y siendo así, la Fiscalía Suprema ante la Sala Penal Especial se pronuncia por la REVOCATORIA del auto apertorio de fojas 72 a 76, de fecha 22 de Mayo del 2001, en el extremo que dicta mandato de COMPARECENCIA

DOCUMENTO donde se fundamenta las razones de la detención de la ex fiscal

comparecencia. Sin embargo, el Ministerio Público y la Procuraduría no estuvieron de acuerdo con la medida y apelaron ante la Sala Penal, que finalmente revocó la medida e impuso deten-

Encubrió a la banda criminal

Correo obtuvo en exclusiva el dictamen No 012 - 2001 FSC-MP, de la Fiscalía Suprema, en la que se pide a la Sala Penal se impon-

EL COMERCIO miércoles 9 de enero del 2008 | Lima | a9

BENEFICIO DE SEMILIBERTAD LE IMPIDE SALIR DEL PAÍS

Excarcelan a Blanca Nélida Colán al cumplir dos tercios de condena

■ "Estoy arrepentida", dijo anoche la ex fiscal de la Nación al abandonar el penal

MARIO MEJÍA

FÉLIX INGARUCA

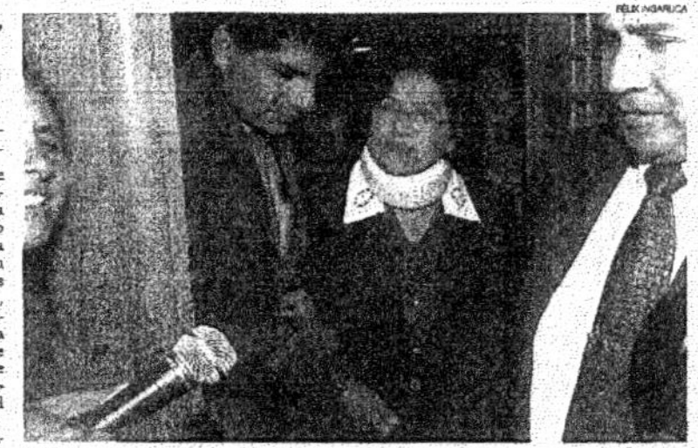

LIBRE. La ex fiscal de la Nación Blanca Nélida Colán abandonó anoche el penal de Chorrillos.

El 25 de julio del 2001 la exfiscal de la Nación Blanca Nélida Colán Maguiño salió en calidad de detenida del inmenso inmueble ubicado en la primera cuadra de la avenida Las Palmeras, en la urbanización Camacho, en La Molina. "Esto es un abuso y una venganza política", atinó a decir entonces la ex magistrada a los policías judiciales que la arrestaron. Ayer, poco después de las 8 de la noche, regresó libre a ese mismo lugar tras haber permanecido más de seis años recluida en el penal de mujeres de Chorrillos.

"He cometido errores, negligencias y delitos. Estoy arrepentida y deseo hacer todo lo posible para reincorporarme a la sociedad... Veo la vida desde otra perspectiva. Mi vida pasada, pasada está. Estoy segura de que Dios me ha perdonado", dijo Colán al abandonar anoche el penal.

La Sala Penal Especial de la Corte Suprema fue la que ordenó su excarcelación. Por dos votos contra uno, dicho tribunal concedió a la otrora todopoderosa fiscal del régimen fujimorista el beneficio de la semilibertad por haber cumplido los dos tercios de su condena de diez años de prisión, tras ser sentenciada por enriquecimiento ilícito y encubrimiento personal y omisión de denuncia.

Simultáneamente la sala le impuso la medida de impedimento de salida del país, así como la obligación de comparecer al juzgado para informar y justificar sobre sus actividades personales.

A favor de otorgarle la semilibertad votaron los vocales Martín Santos Peña y Héctor Rojas Maraví, en tanto que se opuso a la magistrada Hugo Príncipe Trujillo.

En opinión del ex procurador anticorrupción Ronald Gamarra, el tribunal ha resuelto una libertad en contra de lo que dice la Ley 27770, que regula el otorgamiento de beneficios penales y penitenciarios. "No le correspondía la semilibertad, pues hasta donde tengo entendido la doctora Colán no ha terminado de pagar la reparación civil", indicó, al referirse a la suma de un millón y medio de soles que la sentenciada está obligada a abonar al Estado.

De acuerdo con la Ley 27770, la semilibertad se otorga "cuando se hayan cumplido las dos terceras partes de la pena y previo pago del íntegro de la reparación civil".

Según Augusto León, abogado de la ex titular del Ministerio Público, su patrocinada ha pagado hasta el momento al Estado 110 mil soles, que han sido descontados de su pensión de cesantía.

Los magistrados Santos y Rojas consideran que si bien la ex fiscal no ha pagado toda la reparación, existirían tres circunstancias que expresarían la voluntad de la sentenciada para cumplir con dicha obligación. Por un lado está la pensión de cesantía que ha sido afectada por tiempo indefinido. Por otro, el 50% de sus derechos y acciones en el inmueble de la urbanización Camacho tasado en 350 mil dólares están embargados a favor del Estado. Los magistrados también tomaron en cuenta la avanzada edad de la exfiscal Colán (73 años) y la fragilidad de su estado de salud.

Colán estuvo muy vinculada al exasesor Vladimiro Montesinos, a tal punto que apareció en la filmación de una animada recepción realizada en el local del otrora Servicio de Inteligencia Nacional con motivo del cumpleaños de una de las hijas del 'Doc'. ■

MÁS DATOS

Al momento de solicitar la semilibertad, Colán había cumplido 6 años de prisión, a los que sumados los días de redención de pena por trabajo hicieron factible su acogimiento al beneficio.

También figura como expresión de voluntad de pago de la reparación civil el embargo en favor del Estado de un auto Toyota de propiedad de la sentenciada.

La ex fiscal de la Nación fue condenada por encubrir y no investigar a Vladimiro Montesinos y por no sustentar su patrimonio personal.

Nadie compró casa puesta en remate

Durante el 2005 la lujosa residencia de la ex fiscal Blanca Nélida Colán fue puesta en remate público hasta en tres oportunidades, pero por falta de postores la venta fue declarada desierta.

El Poder Judicial había dispuesto el remate de la mitad de la casa (la otra parte le pertenece a su hermana Violeta Colán) para que la ex titular del Ministerio Público pudiera pagar la reparación civil. De acuerdo con la tasación, la casa de 1.200 metros cuadrados de área total está valorada en 350 mil dólares. Y aunque el precio base de la mitad de la residencia fue bajado hasta 161 mil dólares, nadie se animó a comprarla.

Según Augusto León, abogado de la ex magistrada, el inmueble será materia de remate nuevamente dentro de un par de meses. Lo que se recaude se adjudicará al Estado como parte de la reparación civil.

Colán nunca pudo demostrar cómo hizo para financiar la compra de este inmueble si el sueldo que ella tenía como fiscal no alcanzaba para pagar la mensualidad.

Lima, **miércoles** 9 de enero del 2008

JOSÉ VELÁSQUEZ

"LA FISCAL DEL CHINO". *Arrodilló Ministerio Público ante autócrata*

Blanca Nélida Colán confiesa sentirse "arrepentida"

Tal como lo adelantó **Correo**, quedó en libertad, pero no podrá salir del país. Reconoce que cometió delito

Luciendo pelo corto, un vestido rojo y su ya clásico collarín, la otrora poderosa fiscal del régimen fujimorista Blanca Nélida Colán dejó ayer el penal Santa Mónica, luego de que el Instituto Nacional Penitenciario (Inpe) ordenara su excarcelación al cumplir más de los dos tercios de la condena que se le impuso por enriquecimiento ilícito.

Su liberación se cristalizó más allá de las ocho de la noche, luego de que el Inpe recibiera la notificación del fallo emitido la semana pasada por la Sala Penal Especial de la Corte Suprema, que ordenaba otorgarle el beneficio de la semilibertad.

A su salida del penal chorrillano, bajo estrictas medidas de seguridad y ante el asedio de la prensa, Blanca Nélida Colán fue recibida por su hermana Violeta y su abogado Augusto León.

"He cometido errores, negligencia, delito, y estoy arrepentida. Ahora deseo reintegrarme a la sociedad y ayudar a mis compañeras del penal. La justicia me ha juzgado y estoy segura de que Dios me ha perdonado. Blanca Nélida Colán es una nueva persona desde ahora", dijo a la prensa antes de abordar un auto Datsun color verde.

La ex fiscal de la Nación no podrá salir del país y deberá informar mensualmente al Poder Judicial de sus actividades, además de culminar el pago de una reparación civil que asciende a un millón y medio de soles. De incumplir las reglas, retornará a la cárcel.

Esta excarcelación no fue bien recibida por la Procuraduría Ad Hoc, entidad que presentó un recurso de nulidad en contra de la resolución de semilibertad emitida por la Suprema. Sonia Nieto, jefa de la Unidad de Reparaciones Civiles, calificó de irregular la medida, al señalar que Colán no completó el pago de su reparación civil.

MASDATOS

El abogado Augusto León adelantó que "por el momento" Nélida Colán laborará como asistente en el consultorio médico de su hermana Violeta, ubicado en el distrito de Lince.

PERÚ.21 | VIERNES 10 DE JUNIO DE 2005 | 7

+. información

Programan juicio a ex magistrados

La ex fiscal de la Nación Blanca Nélida Colán, el ex vocal supremo Alejandro Rodríguez Medrano y otros siete magistrados supremos serán juzgados públicamente el próximo 18 de agosto, por haber puesto el Poder Judicial, el Ministerio Público y el Jurado Nacional de Elecciones a favor de los intereses de Montesinos y Fujimori. La diligencia se desarrollará a las 2 de la tarde en el penal de Lurigancho. La fiscalía ha pedido ocho años de prisión para Rodríguez Medrano y seis años de cárcel para Colán.

Hoy rematan casa de ex fiscal Colán

A la tercera va la vencida. Luego de haberse frustrado sucesivamente el remate judicial del 50 por ciento de la casa de la ex fiscal de la Nación Blanca Nélida Colán, ubicada en La Molina, el Poder Judicial dispuso que hoy nuevamente se lleve a cabo esta diligencia. Con este dinero se pagará parte del monto de la reparación civil impuesto a Colán, fijada en dos millones de nuevos soles, luego de haber sido sentenciada por sus presuntos vínculos con el 'Doc'.

Lecturas recomendadas

La metáfora del poder y un Rolex de sarcasmo
(Beder Bocanegra Vilcamango)

Ratalandia (David Salazar)

Reflexiones políticas del padre Bazalar para el Perú tomos I y II
(Luis Alejandro Bazalar García)

Palabra de maestro. Crónica de un desgobierno
(Stefanie Medina)

EDIQUID

Printed in Dunstable, United Kingdom

68122704R00109